Troll
Le Trésor

Du même auteur chez le même éditeur :

Troll, Le Roi, roman, 2005

Troll, La Reine, roman, 2005

Troll, Le Trésor, roman, 2005

JOHN VORNHOLT

LE TRÉSOR TROLL

traduit de l'américain par Désirée Szucsany

LES INTOUCHABLES

Les Éditions des Intouchables bénéficient du soutien financier de la SODEC, du Programme de crédits d'impôt du gouvernement du Québec, du PADIÉ et sont inscrites au Programme de subvention globale du Conseil des Arts du Canada.

LES ÉDITIONS DES INTOUCHABLES
2316, avenue du Mont-Royal Est
Montréal, Québec
H2H 1K8
Téléphone : (514) 526-0770
Télécopieur : (514) 529-7780
info@lesintouchables.com
www.lesintouchables.com

DISTRIBUTION : PROLOGUE
1650, boulevard Lionel-Bertrand
Boisbriand, Québec
J7H 1N7
Téléphone : (450) 434-0306
Télécopieur : (450) 434-2627

Impression : AGMV Marquis
Infographie et maquette de la couverture : Benoît Desroches
Illustration de la couverture : Omar Rayyan

Dépôt légal : 2005
Bibliothèque nationale du Québec
Bibliothèque nationale du Canada

ISBN 2-89549-152-6

À Bryan et à Frances

CHAPITRE PREMIER

AU BAS DE L'ÉCHELON

Au fond du Gouffre, le sol trembla et les geysers crachèrent des jets de vapeur dans l'air rempli de suie. Vieux Rot, un gigantesque crapaud, venait d'atterrir sur la rive, et les trolls qui chevauchaient le monstre se laissèrent glisser sur le sol. Dès qu'ils eurent mis le pied à terre, le crapaud géant bondit de l'autre côté de la rivière de lave et aucun d'eux ne put voir où il allait. Des racines noueuses enlacèrent les pieds de Rollo et le firent trébucher. En essayant de reprendre son équilibre, il posa la main sur une pierre noire et se brûla la paume sur la surface chaude.

– Aïe ! gémit le troll qui voulait devenir roi.

Il souffla sur sa fourrure brûlée par des étincelles de feu. Personne ne pouvait l'entendre se plaindre dans ce lieu peuplé de bruits étranges. Sa voix était couverte par le bouillonnement de la rivière de lave et le chuintement des geysers. Et ses amis étaient encore secoués par leur chevauchée sur le dos de l'énorme crapaud.

Rollo hocha la tête en regardant ses compagnons d'un air tendre. Leur courage l'émerveillait. Tous ses amis étaient venus à sa rescousse. Ridicula, Pouillane et Bedono étaient partis avec le capitaine Masticor et la lieutenante Verna, et même d'autres ogres et des gnomes qu'il connaissait à peine. Ses compagnons étaient descendus au fond du Gouffre et avaient abordé ses rives sulfureuses. Ils avaient bravé les vilaines fées de Bois-Joli et avaient été capturés par les elfes sauvages. Certains d'entre eux avaient perdu la vie et tous les autres avaient risqué leur peau pour le sauver. Existait-il un autre troll ayant de tels amis?

Il jeta un coup d'œil à la fière Ridicula. Elle était la troll la plus étonnante de la bande. Au cours de ses aventures, ses charmants bourrelets avaient fondu et elle n'arborait plus la splendide crinière qu'elle portait jadis. Mais elle avait gagné de la souplesse et sa démarche était pleine de grâce. Dotée d'une remarquable laideur, elle avait du cran et s'affirmait en tant que chef. Vêtue de cuir, avec ses gamelles et ses armes sur le dos, Ridicula ressemblait à une féroce guerrière surgie d'une légende.

Nous sommes en train d'écrire l'histoire, pensa Rollo avec émotion. Toutes les aventures que ses camarades et lui avaient vécues récemment pourraient s'y inscrire. Ils avaient réussi à traverser le Gouffre, à vaincre le sorcier Styxus Rex et s'étaient liés d'amitié avec la fée Chipie. Personne n'avait fait cela auparavant ! Ils défrichaient une terre vierge… et vaseuse sur laquelle ils avançaient péniblement.

– Hé ! Votre Altesse ! cria la grosse voix du capitaine Masticor. Je sais que c'est la première fois que tu viens ici mais il faut avancer.

Rollo tressaillit. La bande le devançait de plusieurs mètres. Seule Ridicula était restée près de lui. Elle avait quitté la file et marchait nonchalamment à ses côtés en lui souriant d'un air complice.

– Masticor, Rollo est fatigué, dit Ridicula en caressant le dos de son ami. Il a traversé beaucoup d'épreuves, le pauvre petit.

– Pauvre petit ? répéta Masticor, retroussant ses babines et dévoilant une grosse paire de défenses. Il est resté assis à se faire servir par les elfes et à se gaver de bonne bouffe pendant que nous nous battions dans le tunnel. Est-ce que Rollo a été obligé de voler au-dessus d'une rivière de lave, pendu aux pattes d'un oiseau ? Non !

Le gros ogre frissonna en évoquant ce périlleux exploit.

– Pourquoi sommes-nous pressés de partir? demanda Bedono. D'accord, ce n'est pas aussi beau que le tunnel. Mais il paraît que le Gouffre cache un trésor. Vous savez, le trésor du vieux roi des trolls!

– Il cache aussi une bande d'elfes, rétorqua Verna. Et ils se servent de flèches empoisonnées. Tu t'en souviens, non?

Bedono grimaça et frotta son crâne chevelu.

– Oui, je m'en souviens. Ils auraient mieux fait de rester dans leur forêt.

Pouillane, la sœur de Rollo, se pencha sur Bedono. C'était son chouchou.

– Tu es si brave, mon chéri. Mais souviens-toi: les elfes convoitent ce trésor et le cherchent depuis des lustres.

– Bah! ce sont des elfes! déclara Bedono d'un air hautain. Les trolls et les ogres n'ont même pas commencé à chercher le trésor.

Un petit gnome chauve se faufila entre eux. Rollo baissa les yeux vers lui et reconnut le joyeux neveu de Nabo. Il avait à peine eu le temps de faire la connaissance de Mouchi au cours de leur folle équipée. En principe, Nabo dirigeait Crachoutos avec Kronck, le maître artisan des ponts. Mais qui savait ce qui se passait au Morne Marais? Cette époque semblait lointaine et son souvenir s'effilochait comme un rêve fugace.

– Il faut poursuivre notre voyage, affirma Mouchi, les yeux levés vers Rollo, parce que nous avons laissé les autres gnomes dans le tunnel. Nous devions surveiller l'entrée de ce passage… ou la cacher. Si vous décidez d'aller à Crachoutos ou de partir à la recherche du trésor, il faut d'abord vous rendre au tunnel. Il conduit jusqu'au sommet du Gouffre.

– Il a raison! lança Masticor. Nous ne voulons plus que nos terres soient envahies par des elfes sanguinaires.

Tous les membres de la bande étaient du même avis. Ils se tournèrent vers Rollo. Il fallait trancher la question même s'il n'avait jamais vu le tunnel en question.

– C'est Kendo qui vous a parlé de ce trésor, n'est-ce pas? demanda Rollo. Cet oiseau ne m'inspire pas confiance. Jadis, il était une fée et il a été ensorcelé. Puis il s'est retourné contre son peuple.

– Oui, répondit Ridicula, l'oiseau nous a dit que les elfes cherchaient un trésor. Ils croient tous qu'il est perdu au fond de ce ravin. Mais où le trouver? Moi, j'ai plutôt envie de chercher des larves ou des sangsues.

Ridicula lécha ses lèvres bleues, et ses yeux parcoururent le paysage où dansaient les ombres épaisses et rouges que projetait la lave s'écoulant dans la gorge.

– Ridicula a raison, fit Verna avec un sourire. Je commence à avoir faim, moi aussi. Les elfes ont nourri Rollo mais, de notre côté, nous n'avons rien avalé depuis longtemps.

– Le peu de nourriture que nous avions, ils nous l'ont enlevée, grommela Pouillane.

– D'accord, nous chercherons des larves en poursuivant notre route. Mais il faut retourner chez nous, déclara Rollo à contrecœur.

Il se dit que la moindre bestiole vivant dans ces lieux devait être réduite en cendre.

– Parlant d'oiseau, dit Pouillane, j'en ai vu un grand qui nous survolait. Si les oiseaux ne sont plus nos amis, pouvons-nous les manger ?

– Nous devons trouver quelque chose à manger, affirma Bedono, car nous aurons beaucoup de marches à monter. Et l'autre jour, nous avons ratissé tous les rats et toutes les limaces qui s'y trouvaient.

Rollo croisa les bras. La moutarde commençait à lui monter au nez.

– J'ai déjà dit que j'étais d'accord. Nous allons chercher de la nourriture. Mais je doute qu'il y ait des oiseaux dans les environs. Je ne veux tout simplement pas que nous restions pris ici.

– Toi, tu es capable de voler quand tu le veux, lança Ridicula en le toisant de ses yeux d'un rouge limpide.

– Crois-tu ? demanda Rollo.

Il contemplait le canyon. Noyées dans l'ombre, les parois escarpées se dressaient au-dessus d'eux, dissimulant leurs pics dans la brume. Les terres de Crachoutos et de Bois-Joli n'étaient plus qu'un vague souvenir dans les profondeurs rougeoyantes du canyon. Et que devenait Chipie ? La fée avait aidé ses amis à s'échapper de Bois-Joli et à fuir les elfes. *Où est-elle ?* se demandait Rollo.

– Oh ! regardez ! Des vers ! s'exclama Pouillane.

La sœur de Rollo sortit des buissons et se précipita vers un marais asséché dont le fond était tapissé de sable noir et phosphorescent. De mignonnes petites larves blanches perçaient la terre noire et agitaient leurs pattes alléchantes.

– Attends ! cria Ridicula, une fraction de seconde avant que Rollo n'ouvre la bouche.

Mais il était déjà trop tard. Pouillane n'avait pas aussitôt mis les pieds dans le sable qu'elle s'enfonça jusqu'à la taille dans les cristaux brillants. Les vers se transformèrent immédiatement en longs doigts, surgissant d'une plante qui gonflait à vue d'œil et crachait des gouttes de sève sur sa fourrure. En quelques secondes, la troll fut enveloppée d'un panache blanc. Les tiges monstrueuses l'enlaçaient comme des lianes et tentaient de l'engloutir. Pouillane hurla de terreur. Comme toujours, le capitaine Masticor fut le premier à réagir. Son gourdin atterrit bruyamment sur la masse collante.

– Ouille ! tonna Pouillane. Regarde où tu frappes !

Les coups pleuvaient et le capitaine tirait Pouillane de toutes ses forces, mais la grosse troll tout engluée de sève était incapable de se défaire des tentacules.

Masticor leva son gourdin au-dessus de sa tête. Il s'apprêtait à donner un autre coup quand d'une liane fusa un jet de sève qui l'atteignit en plein dans les yeux, juste au-dessus du museau. Le gros ogre lâcha son gourdin et tomba sur les pieds de Bedono.

– Aïe ! beugla le troll en tressaillant.

Alors qu'il sautillait en se tenant le pied, il trébucha sur Mouchi. Tous deux roulèrent dans le sable. Rollo, en entendant jaillir le liquide, se tourna vers Pouillane. Une épaisse masse de chair spongieuse emprisonnait sa sœur. Poussant un cri étouffé, la troll s'enfonça plus profondément dans le sable brillant. Sa tête disparut entre les bourrelets de chair flasque et les pieds gluants du champignon.

Ridicula agrippa le bras de Pouillane. D'un pas souple, Verna s'avança vers elle en agitant son gros gourdin. L'ogresse frappait sans relâche et la plante crachait de la sève. Mais ça n'améliorait pas la situation de Pouillane, qui s'enlisait de plus en plus dans le sable noir.

Ridicula et Masticor s'élancèrent vers elle, mais Rollo les arrêta.

– La lave ! cria-t-il. Les gourdins ne servent à rien. Si c'est une plante, elle brûlera !

Masticor approuva de la tête et ramassa un gros bâton. Puis il courut vers la rivière fumante. La masse de lave s'écoulait lentement et il plongea son gourdin dans la matière en fusion. Les autres s'empressèrent de l'imiter en le voyant retirer une torche dégoulinante de poix brûlante.

Rollo palpa la plante pour trouver ses points faibles, mais le monstre s'enfouit plus profondément dans le sol en entraînant sa prisonnière. Pouillane ne se laissait pas faire. Chaque fois qu'elle prenait une bouffée d'air, elle forçait son adversaire à remonter à la surface.

– Tiens bon ! hurla Rollo. Nous allons t'aider ! Désolé, ça va chauffer.

Masticor accourut à ses côtés, armé de son gros gourdin gluant. Rollo pointa le doigt vers un bout de chair spongieuse.

– Là ! fit-il.

Le gros ogre y enfonça son gourdin brûlant. La plante se recroquevilla aussitôt en répandant toute sa sève. Cette dernière s'enflamma et Masticor étendit de la lave bouillante sur la chair jusqu'à ce que le feu s'empare de toute la plante. Les flammes dégageaient une fumée dont l'odeur était des plus répugnantes.

Voyant que la sève et les pieds se consumaient rapidement, le reste de la bande passa à l'attaque en aspergeant la plante de lave. Pouillane put finalement se libérer des tentacules, et Bedono se précipita dans les flammes pour soulever sa bien-aimée dans ses bras. Rollo et les autres s'accroupirent pour les aider à sortir du trou.

Ils travaillèrent sans relâche jusqu'à ce que la plante soit anéantie. Puis ils la déracinèrent du sable noir. Une fois qu'ils eurent fini, ils firent rôtir les restes du champignon et les mangèrent en guise de déjeuner. Après le repas, Bedono appliqua de la graisse de gésier sur les brûlures de Pouillane. Il la dorlotait et cela la fit sourire.

– C’est un repas durement gagné, mais mon cher Bedono est venu me sauver.

– C’est Rollo qui a eu l’idée d’utiliser de la lave, souligna Ridicula.

Pouillane sourit béatement à son amoureux sans se soucier de ce qu’elle disait. Rollo regarda Ridicula en haussant ses larges épaules. Il ne désirait qu’une chose: retourner à la maison le plus vite possible et épouser sa princesse potelée. Devenir roi lui importait peu; il s’inquiétait plutôt du sort des trolls. Selon lui, il serait beaucoup plus difficile de retourner à Crachoutos même si ses camarades pensaient le contraire.

Le capitaine Masticor examina le bout noirci de son gourdin tout en renâclant.

– La rivière de feu a durci le bois. Ça, c’est bien! Alors, Rollo, devrions-nous nous reposer un peu ou continuer?

Tout le monde se tourna vers le jeune troll. Rollo leva les yeux vers le ciel. La brume était vraiment moche. Il se demandait s’il faisait jour ou nuit dans le monde d’en haut. C’était donc tout ce qu’il y avait dans le Gouffre? De l’ombre et de la brume. Bien sûr, chaque jour, la lumière y pénétrait un bref instant à midi, lorsque le soleil était au zénith, avant de disparaître. La lueur incandescente de la lave les éclairait le reste de la journée.

– Nous avons l'estomac rempli, répondit-il. Mais nous aurons besoin de nourriture et d'eau plus tard. Alors, nous allons ramasser des provisions.

Un coup de tonnerre roula au-dessus de leurs têtes. Quelques secondes plus tard, ils reçurent des gouttes de pluie, puis le déluge s'abattit sur eux, trempant leur fourrure miteuse. La rivière de lave sifflait et crépitait sous les gouttes d'eau, faisant surgir des nuages de vapeur, et la brume s'épaississait.

– Voilà ton eau, dit Masticor en éclatant de rire.

– Nous puiserons l'eau des geysers, suggéra Rollo. Je pense que nous devrions vraiment…

– Oh ! regardez ! Des vers ! cria Pouillane. Elle repoussa la main de Bedono et détala le long du sentier boueux.

– Sœurette, nous avons déjà entendu cette histoire, grogna Rollo.

– Non, elle a raison ! fit Mouchi en fouillant le sol. La pluie fait sortir les vers !

Le petit gnome se mit à gober les bestioles aussi vite qu'il les attrapait.

– Attendez, attendez ! ordonna Rollo. Ne les mangez pas, ramassez-les ! Nous aurons besoin de nourriture durant notre escalade.

Alors, les valeureux guerriers s'affairèrent à ramasser des vers, remplissant leurs poches et leurs sacs à dos. Chacun en avala un ou deux en guise de goûter. Puis ils reprirent leur marche, avançant péniblement sous la pluie crasseuse et la vapeur dense. Tout en poursuivant leur cueillette, ils atteignirent une arche taillée dans la paroi du canyon.

– Voici le tunnel ! s'écria Mouchi.

Le petit gnome se précipita sous la pluie et jeta un coup d'œil dans le trou béant sans toutefois y entrer. Rollo et ses compagnons s'approchèrent et Mouchi revint vers eux en courant.

– Il y a quelque chose qui ne tourne pas rond, affirma le gnome d'un air soucieux. Nous avons laissé des gnomes ici pour qu'ils effectuent des réparations. Où sont-ils passés ?

– Peut-être qu'ils sont rendus plus haut, répondit Verna. C'est une longue escalade.

– Ils devaient nous attendre, insista Mouchi. Nous avions rendez-vous ici. Nous n'avons pas été absents très longtemps.

Rollo marcha vers l'entrée et examina les alentours. Il trouva des flèches et un bouclier en miettes.

– Vous êtes-vous battus ici ?

– Oui, dit Masticor avec fierté. Et nous avons chassé les vilains elfes.

– Les elfes sont-ils revenus traquer nos camarades jusqu'en haut des marches? demanda Rollo.

– Les gnomes se sont peut-être cachés, suggéra le capitaine Masticor en se curant les griffes. Les elfes n'aiment pas être sous la terre. D'autre part, l'escalier est étroit et, de là-haut, il est facile de dominer la situation. Une poignée de gnomes armés de boucliers suffit à repousser une armée d'elfes.

– Alors, pourquoi sont-ils partis? fit Rollo en se penchant dans l'entrée béante.

Le corridor se perdait dans l'ombre profonde. Sans torche, le troll distinguait deux marches vaguement éclairées par les lueurs de la lave.

– Je vais aller les chercher, ronchonna le capitaine Masticor en marchant vers le tunnel. Restez ici, trouvez une flaque d'eau et remplissez vos gourdes.

– J'y vais moi aussi, déclara sa collègue, Verna. Passez devant, capitaine.

– Un instant, lança Rollo en secouant sa tête mouillée. Nous n'allons pas diviser la bande. Nous irons tous ensemble jeter un petit coup d'œil. Peut-être qu'ils ont laissé un signe pour nous indiquer où ils sont allés.

– Et nous serons à l'abri de la pluie, ajouta Ridicula qui frissonnait tout en souriant à Rollo pour l'encourager.

– Nous avons besoin de lumière, rappela Pouillane en désignant la rivière.

Une fois de plus, Masticor et Verna plongèrent leurs gourdins dans la rivière en fusion, et les torches s'enflammèrent aussitôt.

Les ogres étaient en avant. Mouchi et Bedono fermaient la marche. Ils pénétrèrent dans le tunnel et commencèrent à gravir les marches visqueuses. Rollo n'avait jamais visité ce passage. Ridicula et les autres n'avaient pas cessé de lui en parler. Selon Bedono, c'était un vrai paradis, tout sombre et tout frais, et rempli de champignons et de limaces à manger. Ils y avaient découvert des ruines mystérieuses, des monstres énormes, un trésor de pacotille, des pièges mortels et d'autres merveilles de ce genre. Il n'était pas étonnant qu'ils aient hâte d'y retourner.

Ils grimpèrent une centaine de marches. *Ce n'est pas très différent de ce que nous avons vu en bas*, se dit Rollo. Il trouva d'autres flèches mais rien d'autre qui fût digne d'intérêt. À force de gravir les marches, le troll eut l'impression qu'ils allaient passer le reste de leur vie dans ce paisible endroit.

– Mouchi, ce passage secret est-il ancien? demanda-t-il.

– Très ancien, répondit le gnome. Son existence remonte au règne du vieux roi des trolls. À Crachoutos, personne ne s'en souvient… sauf Styxus Rex, peut-être. J'ai toujours cru qu'il s'agissait d'un mythe jusqu'à ce que Ridicula en fasse la découverte.

Rollo jeta un coup d'œil à sa bien-aimée, et son regard croisa le sien. Il allait la féliciter une fois de plus lorsqu'ils entendirent le martèlement d'une pierre contre une autre pierre. Le son fut suivi par un coup qui ébranla tout le tunnel. D'autres coups résonnèrent et chacun s'arrêta et se tourna vers Rollo. La lumière des torches n'éclairait pas très loin, mais on devinait que les bruits provenaient du palier. Un autre coup retentit, puis un autre. Le vacarme s'intensifiait et l'inquiétude grandissait.

– Je pense que je vais aller remplir les gourdes, dit Bedono en se précipitant au bas des marches.

– Je vais aller l'aider! couina Mouchi en reculant.

Le tunnel bougeait comme si un tremblement de terre se préparait. La poussière du plafond tombait sur eux et les coups se rapprochaient. Masticor leva sa torche et jeta un coup d'œil.

– Ça ressemble à une trappe, marmonna-t-il. Ou peut-être…

Les yeux de l'ogre s'agrandirent et il cria :

– Un boulet !

Bondissant sur les marches, une énorme pierre émergea de l'ombre !

CHAPITRE DEUX

LE FUTUR ROI

– Masticor ! attention ! hurla Rollo.

Le boulet se dirigeait tout droit vers le gros ogre. Au lieu de se coller contre la paroi du tunnel pour éviter d'être blessé, Masticor baissa l'épaule et reçut la pierre de plein fouet. Cette dernière s'écrasa sur l'ogre, tordant sa torche, mais il réussit à rester debout et à freiner sa course. En grognant, il la maintint contre le mur.

– Sortez ! tonna Masticor. Vite !

– Courez ! cria Rollo, sachant que Masticor risquait sa vie pour les sauver.

Voyant que Verna demeurait immobile, le troll ajouta :

– C'est un ordre !

Pouillane et Ridicula sautèrent par-dessus les marches. Bedono et Mouchi avaient déjà filé. À contrecœur, Verna obéit, suivie de Rollo. Celui-ci entendit la pierre grincer contre le mur du tunnel ; elle était sur le point de glisser et de poursuivre sa descente. Grâce à sa force herculéenne, Masticor la retint à lui seul, l'empêchant de les écraser. Arrivés en bas, ils sortirent dans la lueur rouge émanant de la rivière. Rollo se retourna et cria dans le tunnel :

– Masticor ! nous sommes sortis ! Laisse tomber !

Il entendit la pierre glisser, puis les coups redoublèrent. Rollo s'écarta du chemin et vit la pierre dévaler le long de l'escalier. Elle fracassa l'entrée, arracha un pan de roche et se fendit en trois morceaux. Un des éclats rejaillit à l'extérieur et plongea dans la rivière de lave où il fondit en crachant des bulles.

Rollo fit signe à ses compagnons de revenir et ceux-ci refluèrent derrière lui tandis qu'il montait déjà les marches.

– Ralentis ! dit Ridicula. Il y a quelqu'un là-haut qui ne nous aime pas.

Le jeune troll ralentit le pas, mais il voulait rejoindre Masticor le plus vite possible. L'ogre avait encaissé le poids de la pierre pour les sauver. Il devait être gravement blessé… ou pire encore ! Verna et Pouillane le talonnaient ; il sentait leur souffle puissant dans son cou. L'ogresse tenait une torche dont la flamme vacillait dangereusement.

Pouillane soupira en apercevant la masse de fourrure gisant de travers sur les marches brisées et maculées de sang. Le capitaine Masticor émit un grognement. Un de ses yeux était enflé, mais l'autre était ouvert. L'ogre pouvait à peine lever la tête.

– Nos ennemis ont peur de se montrer. Poursuivons-les, déclara-t-il d'une voix rauque.

Puis l'ogre poussa un soupir et s'évanouit. Armée d'un gourdin, Ridicula l'enjamba et monta quelques marches plus haut.

– Je vais surveiller le passage, lança-t-elle. Sortez-le d'ici. Faites vite.

– Prends ma torche, fit Verna en passant le flambeau à Mouchi. Mettez le blessé sur mon dos.

Pouillane et Rollo soulevèrent l'ogre inconscient. C'était toute une masse de fourrure et de chair, de muscles et d'os, et il semblait peser une tonne. Avec beaucoup de difficulté, tout en veillant à ne pas lui briser les os, ils le hissèrent sur le dos de l'ogresse. Verna poussa un grognement, raidissant les genoux sans fléchir sous son lourd fardeau. Elle passa les bras de Masticor autour de son cou. Puis elle commença à descendre les marches à pas lents, transportant ainsi son camarade.

Ils entendirent soudain un bruissement d'ailes et un petit rire dément accompagné d'un autre rire, un peu plus sinistre.

– Oui, vous feriez mieux de vous dépêcher ! Courez ! dit une petite voix moqueuse.

– Chipie !

– Avez-vous aimé jouer à attraper la pierre ? Et que pensez-vous de ceci ?

L'escalier s'illumina comme l'âtre d'une cheminée, et une boule de feu fonça sur eux. Elle rebondit sur les parois, projetant partout des étincelles. Ridicula eut à peine le temps de s'accroupir lorsque la boule la frôla. Rollo se pencha mais la boule de feu lui brûla l'oreille au passage avant de dévier entre les jambes de Verna et de s'écraser sur le sol en crachant une pluie de tisons. Verna chancela sans toutefois laisser tomber le capitaine Masticor.

– Dépêchez-vous ! cria Rollo. En avant !

Verna souleva l'ogre massif et descendit lentement les marches. *Comment pouvons-nous lutter contre des boules de feu ?* se demanda Rollo.

– Restez où vous êtes ! ordonna une voix grave.

Rollo sentit les poils de son cou se hérisser en reconnaissant l'odeur putride du sorcier de Crachoutos. C'était Styxus Rex ! Le jeune troll sentit sa gorge se nouer. Le maléfique sorcier était encore vivant… et il les dominait du haut des marches. Le bruissement d'ailes reprit et Rollo crut voir la fée Chipie voleter dans l'ombre. Le reste de la bande ignora l'ordre et continua à descendre les marches, sauf Ridicula qui se tenait bravement aux côtés de Rollo. Il aurait voulu déguerpir, mais il savait qu'il ne parviendrait pas à gagner la course. *C'est moi que le sorcier veut voir*, pensa-t-il avec tristesse. Il songea à dire à Ridicula de s'en aller, tout en sachant qu'elle refuserait de le faire.

Tenant une torche, une silhouette drapée de noir descendait lentement les marches en s'appuyant sur une canne. Même si la cape cachait son visage, la torche éclairait son profil d'aigle et Rollo vit poindre les verrues sur sa peau verdâtre aussi mutilée que la face d'une goule. Styxus Rex était plus décrépi que les murs du tunnel et il se traînait comme un homme à l'agonie.

– Je pourrais vous tuer, déclara le vieux sorcier d'une voix rauque. À bien y réfléchir, c'est ce que tu as fait avec moi. Tu m'as laissé pour mort. Mais grâce à mes pouvoirs, j'ai réglé ce petit problème.

Styxus Rex toucha le manche de son couteau noir. Il était rangé dans un fourreau en peau de serpent, accroché à sa ceinture.

– C'est ce couteau qui vous a ramené à la vie, dit Rollo. Et Chipie aussi. Si je l'avais gardé…

– Ah, mais tu ne l'as pas fait, répondit le mage en riant. Je préfère être plus gentil que tu ne l'as été avec moi et te laisser la vie. En vérité, Rollo, j'ai besoin de ton aide. Tu vois, j'ai l'intention de retourner à Crachoutos et de reprendre ma place, mais les trolls et les ogres semblent croire que c'est toi le chef, ajouta-t-il en éclatant de rire. Un troll comme roi de Crachoutos, quelle idée absurde ! Puisque tu m'as détrôné, Rollo, c'est toi qui dois me remettre sur le trône. En fait, tu vas annoncer l'arrivée du roi à Crachoutos et organiser mon couronnement. C'est la seule façon d'effectuer mon retour avec dignité et d'unifier le pays. Après cela, nous serons quittes et nous deviendrons bons amis.

– Les trolls ne sont ni des esclaves ni des serviteurs, lança Ridicula en renâclant.

Rollo était fier de son amie. Styxus Rex s'inclina devant elle.

– Tu as raison, bien sûr. La vie des trolls sera nettement améliorée, je le promets.

– Comment pouvons-nous avoir confiance en vous ? demanda Ridicula.

– Vous m'avez rendu un grand service, assura Styxus Rex en faisant un pas vers elle. L'arrivée de Rollo dans le décor a semé le chaos entre les deux clans. Les elfes ont cru que vous les envahissiez. Puisque vous avez réussi à fuir, ils s'imaginent que vous les envahirez de nouveau. Les trolls et les ogres croient que Rollo est mort et ils s'attendent à ce que les elfes s'emparent de Crachoutos d'un jour à l'autre. Tout cela joue en ma faveur. Bientôt, les deux pays réclameront un chef puissant pour ramener l'ordre. Mon plan réussira.

Il désigna le sombre passage.

– Grâce à ce tunnel et au crapaud géant, nos troupes envahiront Bois-Joli. Nous n'avons même pas besoin de pont, mais ce serait bien d'en construire un quand les deux pays m'appartiendront.

– Unis dans la méchanceté ! hurla Chipie en volant autour de la tête du magicien et en riant comme une folle.

– Et qu'arrivera-t-il si je refuse de vous aider ? fit Rollo.

– Alors, tu moisiras ici et je te forcerai à réfléchir jusqu'à ce que tu acceptes mon plan, répliqua Styxus Rex. Je serai de nouveau le chef, avec ou sans ton consentement, jeune troll !

Rollo jeta un coup d'œil dans l'escalier en espérant que ses compagnons avaient eu le temps de se cacher. Seuls Ridicula et lui-même étaient en danger.

– Ça, c'est votre marché, dit Ridicula. Moi, j'ai une autre proposition à vous faire.

Rollo garda son calme, mais Styxus Rex avait l'air ébranlé.

– Que peux-tu m'offrir ? demanda le vieux magicien avec un sourire sarcastique.

– Je sais où est enterré le trésor du vieux roi, murmura Ridicula. Vous vous souvenez de lui, n'est-ce pas ? C'est lui qui avait embauché Batmole pour créer le Gouffre.

Styxus Rex avait blêmi en entendant le nom du sorcier. Il le croyait mort et enterré depuis longtemps, tout comme le trésor légendaire. Rollo savait que Ridicula tenait le bon bout.

– Nous vous donnerons tout le trésor, promit-elle, à condition que vous partiez et que vous nous laissiez vivre en paix.

Le sorcier se mit à réfléchir. *Selon la légende, il s'agit d'un immense trésor,* se dit-il, *et tout ce que j'ai à faire, c'est de partir.* Rollo devina ses perfides pensées. La fée s'était posée sur une des marches et dévisageait Ridicula d'un air méfiant.

– Ne lui faites pas confiance, maître ! intervint Chipie. N'avalez pas tout ce qu'elle vous raconte. Elle dirait n'importe quoi pour sauver Rollo.

Styxus Rex frotta son menton couvert de verrues.

– Tu as raison, ma petite Chipie. Mais ils prétendent tous que le trésor se trouve ici. Je peux attendre deux jours pour lui permettre de me prouver qu'elle dit vrai. Je vous accorde deux jours seulement. Revenez avec le trésor dans deux jours, sinon les otages périront.

– Quels otages ? fit Rollo avec nervosité.

– Ces deux-là, répondit le sorcier avec un sourire cruel.

Il claqua des doigts et cria en direction de l'escalier :

– Amenez les otages !

Deux ogres apparurent en haut des marches. Un troll se tenait entre eux, le dos voûté. C'était Kronck, l'ancien professeur de Rollo. Il portait des chaînes et avait l'air misérable.

– Maître ! gémit Rollo en avançant vers lui.

– Reste là ! ordonna Styxus Rex en levant la main.

Il écarta les doigts et une boule de feu se mit à danser au creux de sa paume.

– Tu vas aimer la suite, ajouta-t-il.

Il fit un geste et les ogres grognèrent un ordre aux gardes dissimulés plus haut dans l'escalier. Un instant plus tard apparut un autre troll enchaîné. Il avait l'air pathétique. Rollo soupira en reconnaissant son visage. C'était Sancou, son père.

– Père !

Rollo voulut monter les marches, mais Chipie vola devant lui. Le troll se mit à éternuer et à se gratter les pieds tandis que le magicien levait la main, s'apprêtant à lancer la boule de feu.

– Calme-toi, mon garçon ! geignit le vieux troll en haut de l'escalier. Tu n'es pas enchaîné, Rollo, alors sauve-toi.

– Père, dit Rollo, les larmes aux yeux, tu avais raison. Le vieux roi a vraiment existé. Les elfes et les fées connaissent son histoire.

– Et celle de son trésor, fit Styxus Rex avec un large sourire. Alors, les trolls, vous avez deux jours pour accomplir votre mission. Ramenez-moi ce trésor.

– Ça, c'est vraiment un coup bas, lança Ridicula, en colère.

Le mage hocha la tête.

– Eh bien, merci, ma chère. On ne devient pas l'unique sorcier de Crachoutos en étant un bon garçon. Au fait, je ne vous ai pas remerciés d'avoir semé la terreur à Bois-Joli. La guerre fait rage entre les fées et les oiseaux, les elfes guettent les ogres volants, et leurs chefs se comportent comme des fous. C'est délicieux !

Il rejeta la tête en arrière en riant aux éclats. Puis il désigna les ogres qui encadraient les trolls.

– Et n'essayez pas de dresser ces soldats contre moi, ajouta le mage. Ils obéissent au sergent Cranium et ils sont mes fidèles serviteurs. Disparaissez ! Revenez dans deux jours avec le trésor ou les otages seront torturés.

Styxus Rex claqua des doigts et la boule de feu disparut. Chipie jacassait comme une pie.

– Attention, les avertit-elle, vous n'avez pas encore tout vu dans le Gouffre.

– Quoi donc ? demanda Ridicula.

– Disparaissez ! rugit Styxus Rex en martelant les marches gluantes du bout de sa canne.

Les ogres grondaient de façon menaçante. Le visage baigné de larmes, Rollo détourna son regard de son père et de maître Kronck.

– Nous nous reverrons bientôt, promit-il.

Ridicula rejoignit Rollo dans l'escalier. Elle lui donna des petites poussées dans le dos pour l'encourager à avancer.

– Allons, partons, chuchota-t-elle. Nous finirons bien par trouver une solution.

En traînant les pieds et en reniflant, Rollo descendit les marches. Il avait l'air déçu.

– Tu lui as dit que nous avions le trésor ?

Ridicula avait l'air penaude.

– Je ne savais pas quoi faire. C'est la seule idée qui m'est venue à l'esprit. En disant cela, je savais qu'il nous laisserait partir. J'ignorais que ton père et Kronck étaient ses prisonniers. Tu n'allais pas accepter ce marché, pas vrai ? Veux-tu retourner chez nous et annoncer à tout le monde qu'il sera le roi ?

– Non, marmonna Rollo. Mais tout ce que nous avons fait est inutile. Styxus Rex est revenu et nous devons encore obéir à ses ordres. Et puis, comment allons-nous trouver ce trésor ?

– Nous devons d'abord trouver les elfes, répondit Ridicula.

CHAPITRE TROIS

UN NOUVEAU PLAN

De l'autre côté de la rivière de lave, trois elfes étaient tapis derrière un rocher. Ils étaient sales et passablement amochés. Ils surveillaient le tunnel d'où avaient jailli une poignée d'ogres et de trolls et un tout petit gnome. Une ogresse transportait son camarade blessé sur son dos. Les créatures effrayées couraient comme si une autre pierre les poursuivait, mais plus rien ne sortait du tunnel.

Les monstres se précipitèrent vers la rivière brûlante, et la chaleur les fit reculer. L'ogresse déposa l'ogre blessé sur le sol tandis que les autres sortaient leurs gourdins et se plaçaient à côté de lui pour le protéger.

– Qu'est-ce qu'ils font? demanda Fenouil, le plus jeune des elfes. Pourquoi ne retournent-ils pas chez eux?

– C'est ce qu'ils ont tenté de faire, répondit Dellor, le chef aux cheveux blonds.

Il chercha des yeux la valeureuse troll qu'il avait rencontrée au cours de la bataille dans le tunnel. Elle s'appelait Ridicula et elle l'avait épargné. Il ne la vit pas. Il en fut étonné, car il l'avait vue entrer avec les autres dans le tunnel et elle n'en était toujours pas ressortie.

Festen le tira par la manche.

– Cherchent-ils le trésor ? Savent-ils que nous l'avons trouvé ?

– Chut ! dit Dellor.

Bien que personne ne pût les entendre à cause du sifflement des geysers et du bouillonnement de la lave, il préférait être prudent. Et puis, trouver un trésor perdu depuis des lustres ne signifiait pas pour autant qu'ils pouvaient s'en emparer et le garder pour eux.

– Regardez ! En voilà d'autres ! lança Fenouil.

Dellor tourna la tête vers le tunnel qui était situé de l'autre côté de la coulée de lave. Oui, deux autres trolls en sortaient, et son cœur battit la chamade quand il reconnut Ridicula.

– Elle est saine et sauve, soupira Dellor, soulagé.

– Quoi ? fit Festen. Le trésor ?

– Oui, le trésor, mentit Dellor. Quelqu'un a tenté de tuer ces ogres et ces trolls. Ils ont l'air terrorisés.

L'elfe blond n'allait pas avouer à ses camarades qu'il s'inquiétait davantage du sort de Ridicula que de celui d'une vulgaire poignée de joyaux et de pièces d'or.

– Regarde, ils discutent, dit Fenouil en pointant du doigt la brume jaunâtre.

En effet, les visiteurs de Crachoutos parlaient avec animation. La rivière pétillait et il était impossible d'entendre leur conversation, mais il semblait y avoir de la grogne.

– Devons-nous attendre qu'ils partent? demanda Festen.

Dellor fit signe que non.

– Je ne crois pas qu'ils vont partir. Ils sont laids, mais ils ne sont pas stupides.

Festen frissonna à ses côtés.

– Je ne sais pas si je tiens à rencontrer celui qui fait peur aux trolls.

– Nous leur faisons peur, déclara Fenouil avec fierté. Du moins, ils redoutent le poison de nos flèches.

– Et cette espèce de gros monstre, le crapaud géant! s'exclama Festen avec un petit rire nerveux. Cette bête me fait peur.

– Tu as peur de tout, marmonna Fenouil. Sais-tu ce qui me fait peur, à moi?

– Non. Quoi donc? fit Festen avec entrain.

– L'idée que nous ne rentrerons jamais chez nous, répondit le jeune elfe. Ça, ça me fait très, très peur.

Festen baissa ses yeux verts et Dellor fit de même. L'idée de demeurer pris pour toujours au fond de ce chaudron bouillant leur donnait la trouille. Dellor savait que les trolls et les ogres éprouvaient le même sentiment face à leur sort.

– Vous deux, allez rejoindre les autres, ordonna-t-il. Je vais rester ici pour les surveiller, mais je ne crois pas qu'ils s'en iront de sitôt.

– Es-tu certain que nous devrions partir sans toi? demanda Festen en s'éloignant des sombres rochers.

– Baisse-toi, il ne faut pas que l'ennemi te voie, lança Dellor. Faites attention aux plantes carnivores et aux oiseaux fous.

– Nous serons prudents, répondit Festen en s'enfonçant dans la brume d'un rouge féerique.

Fenouil s'accroupit à côté de son chef.

– Ne fais pas de sottises, lui dit-il. Nous avons besoin de toi.

Dellor sourit à son ami.

– Ne t'inquiète pas. Moi aussi, je veux rentrer à la maison.

Ils disparurent en un instant, laissant Dellor avec les trolls et les ogres qui discutaient de l'autre côté de la rivière de lave. L'elfe aux beaux cheveux blonds mit son arc et son carquois de flèches en bandoulière. Puis il descendit de sa cachette et fit un grand détour jusqu'à la traverse.

***

– Laissez-moi ici, marmonna le capitaine Masticor.

Baigné par les lueurs incandescentes, l'ogre était allongé sur la rive boueuse au fond du Gouffre. Rollo trouvait qu'il était drôlement amoché et les autres n'avaient pas l'air assez en forme pour continuer.

Ils étaient tous abattus, même sa costaude de sœur, Pouillane, et la plantureuse Ridicula. Les trolls, les ogres et le gnome étaient tous épuisés et affamés. Ils n'avaient mangé que des champignons, ce qui n'était pas très nourrissant. Masticor n'était pas joli à voir, mais ses blessures n'étaient rien en comparaison des cloques de Styxus Rex.

Le sorcier était de retour et il était plus cruel que jamais. Le père de Rollo et le maître artisan des ponts étaient entre ses griffes et peut-être que tout Crachoutos était sous son emprise. Tout ce que Rollo et ses compagnons avaient fait pour libérer les trolls semblait vain.

– Continuez sans moi ! grogna Masticor d'un ton dramatique. Laissez-moi un gourdin et un peu de nourriture.

– Nous n'avons pas de nourriture, dit Rollo en regardant la rivière rougeoyante. Et nous n'avons pas d'endroit où nous réfugier. Nous sommes au fond d'une immense gorge et nous ignorons où se trouve le trésor… et s'il existe vraiment.

Il jeta un coup d'œil à Ridicula, qui fronça les sourcils et baissa sa tête noueuse.

Le gnome sautilla entre les deux trolls et s'éclaircit la voix.

– Pas exactement, fit-il d'un air solennel. Ce trésor revient à Batmole et aux sorciers qui ont creusé le Gouffre. Styxus Rex est le seul descendant de cette lignée, alors il est…

– Mais les trolls ont souffert à cause de lui ! rugit Ridicula en tapant du pied, faisant exploser un geyser.

Ils se couvrirent la tête pendant que des perles d'eau mêlées de lave rejaillissaient sur eux, mais Ridicula cria par-dessus le bruit :

– Les sorciers se sont vengés sur nous et le trésor devrait être à nous !

– Tu as promis de donner le trésor à Styxus Rex, lui rappela Rollo, renâclant et hochant la tête comme un ogre. La question n'est pas de savoir comment trouver le trésor de la légende, mais de sauver mon père et Kronck. Nous n'avons que deux jours.

Verna grogna et pointa le doigt vers la falaise où se trouvait l'entrée du tunnel.

– Nous ne pouvons pas les repousser en remontant les marches. Ils nous attendent de pied ferme. Si seulement nous parvenions là-haut, nous pourrions ensuite redescendre et les attaquer. Nous les coincerions et, là, nous aurions une chance de les vaincre.

Rollo sentit tous les regards posés sur lui. Il secoua la tête.

– Oh non ! Si vous pensez que je vais voler le long de cette falaise, vous êtes fous. La distance est cent fois plus grande que la largeur du Gouffre, et je ne pense pas que j'y arriverai. Quels sont les autres choix ?

– Eh bien, dit Bedono d'une voix hésitante, on peut remonter la rivière ou la descendre. Il y a un volcan en amont, et un glacier en aval. Mais combien de temps faut-il pour arriver à l'un ou à l'autre de ces endroits ?

– Nous devons faire semblant de chercher le trésor, déclara Pouillane en brandissant le poing.

Si ce vieux schnock touche à un seul poil de mon père, je lui arracherai ses verrues une par une!

– Je comprends ta colère, répondit Rollo d'une voix sombre. Il a toujours été un bon père et il avait raison plus que je ne l'imaginais à propos de certaines choses. Écoutez, je suis le seul que le magicien veut vraiment. Peut-être que je devrais faire ce qu'il demande…

– Auras-tu la force de dire aux trolls que tu veux qu'ils redeviennent des esclaves? demanda Ridicula, émue. Nous n'avons déjà plus que la peau et les os. Tant que tu es en vie, tu es notre seul espoir.

– Et c'est tout ce que nous avons, marmonna le capitaine Masticor. Nous avons besoin d'un plan.

Bedono contempla la falaise noyée dans la brume.

– Je pense que le plan devrait consister à sortir d'ici, lança-t-il.

Rollo branla la tête d'un air pensif en regardant les flots de roches en fusion. Des gaz fétides s'élevaient en ligne droite dans le ciel noir, rejoignant la brume rouge qui planait au-dessus de leurs têtes. Cela lui donna une idée.

– Hé! fit le jeune troll, voyez-vous ces gaz qui s'élèvent dans le ciel? La fumée monte rapidement et si nous pouvions la capturer…

– Ça te permettrait de voler encore plus vite ! enchaîna Verna avec entrain.

La voix sombre de Masticor s'éleva du sol :

– Comment vas-tu parvenir à capturer des gaz ?

– Il nous faut quelque chose d'élastique, expliqua Rollo. Comme la voile d'un bateau qui se gonfle de vent.

– Comme la créature que nous avons mangée tout à l'heure, dit Mouchi en rotant. Ça me donne des gaz.

Rollo claqua des doigts.

– Le champignon ! Il se gonflait pendant que nous l'arrachions du sol !

– Deux trolls dirigeront l'attaque, ajouta Verna. Et nous disposons d'un autre troll volant.

Tous les yeux et tous les museaux se tournèrent vers Bedono. Sous leurs regards implorants, il se mit à reculer.

– Remonter le Gouffre en volant ? Moi ? s'exclama-t-il avec un petit rire nerveux. Rollo a raison : c'est complètement fou !

– Et si tu échoues, précisa Pouillane, ce n'est pas dans l'eau que tu tomberas.

Elle tendit sa grosse paluche vers le liquide épais et brûlant.

– C'est vrai, répondit Rollo, mais nous devons essayer. Ça ne me déplaît pas de penser que nous pourrions envoyer un boulet à Styxus Rex. Il nous faut une de ces plantes. Capitaine Masticor, voulez-vous rester ici pour surveiller l'entrée du tunnel? Vous nous avertirez si Chipie ou quelqu'un d'autre tente d'en sortir.

– D'accord, acquiesça l'ogre blessé. Placez-moi derrière un rocher afin que je sois à l'abri.

Après avoir installé Masticor confortablement, la bande de Crachoutos explora le bord de la rivière. Rollo emmena Pouillane avec lui. S'il y avait de la nourriture dans les environs, sa sœur la trouverait. En effet, la grosse troll ne tarda pas à repérer un autre nid de vers blancs. Elle ne les confondit pas avec les pousses qui se terraient dans le sable noir et brillant. Rollo appela les autres pour qu'ils viennent les aider.

Ils s'approchèrent du trou avec prudence. Rollo était désolé pour la plante, mais il n'oubliait pas qu'elle avait failli manger sa sœur. À son signal, tous attaquèrent la plante à coups de gourdins tout en la dégageant de la terre. Au bout de quelques secondes, la créature surgit de sa cachette. Elle refermait ses chairs pour se protéger et Rollo donna un second ordre :

– Attrapez ce qui dépasse !

Chacun, même le petit Mouchi, s'accroupit et agrippa un bout de la plante.

– Oh ! hisse ! cria Rollo.

Ils extirpèrent la plante de son nid. Le sable noir s'égrenait et les petits tentacules blancs s'agitaient frénétiquement. Tout en grognant et en vacillant, ils réussirent à étirer la créature qui se gonflait comme un poulpe. L'être vaporeux se tordit et s'agita comme s'il voulait s'envoler.

De sa main libre, Rollo passa une corde autour de sa taille.

– Verna ! hurla-t-il. Attrape ça !

En gardant un bout de la corde noué à sa ceinture, il lança l'autre extrémité sur le champignon. L'ogresse tendit la corde d'un coup sec.

– Nous avons besoin d'une autre corde ! fit-elle.

Ridicula déploya un lasso et le passa à Bedono. Ensemble, ils réussirent rapidement à maîtriser le champignon.

– Il accumule des gaz, il va s'envoler ! lança Rollo. Éloignez-le du trou, apportez-le près de la rivière !

C'était comme retenir une tente poussée par le vent, mais ils réussirent à traîner le champignon vers la coulée de lave. Ce dernier se tortillait et commença à s'élever au-dessus de leurs têtes. Rollo tenait les quatre bouts de corde.

Lorsque ses pieds quittèrent le sol, Rollo se mit à croasser :

– Je pense que je vais monter tout de suite ! Qui veut venir avec moi ?

Il tendit la main à Bedono. Le petit troll avait peur, mais Ridicula et Verna le poussèrent en avant. Rollo attrapa la main de son ami tout en s'efforçant de voler et le champignon s'éleva dans les airs, entraînant les deux trolls avec lui.

Ils planaient au-dessus des flots bouillants. La chaleur les cuisait comme des centaines de soleils et Rollo voyait les flammes dorées courir sur la croûte de lave striée de rouge et de noir. Une bouffée de gaz nocif souleva la plante, les faisant s'élever encore plus haut. Bedono poussa un cri de stupeur, mais Rollo le retenait fermement, resserrant les cordes autour de sa taille.

– Je vole ! cria Rollo. Mais je ne guide pas, c'est la bête qui le fait. Tant mieux, tant que nous continuons à monter !

– Ouais, nous ne voulons pas descendre ! approuva Bedono d'une voix chevrotante, tandis que ses yeux exorbités fixaient les voiles plissées du champignon. Plus haut ! Plus haut !

Rollo s'efforçait de ne pas regarder en bas. Ils traversèrent d'épais nuages qui le firent tousser. La fumée lui brûlait les yeux. Malgré tout, le troll jeta un coup d'œil en bas. Ridicula agitait désespérément la main vers lui. En voyant son expression, Rollo se dit que Bedono et lui devaient avoir l'air pathétiques. Un instant plus tard, Ridicula et ses amis disparurent sous les couches de brume. Seules les lueurs de la lave perçaient la vapeur fétide.

Ils s'élevaient dans l'ombre, et Rollo voyait une faible lumière briller au-dessus d'eux. Le champignon s'aperçut qu'il était loin de chez lui et, sans prévenir, il pivota sur lui-même. Rollo et Bedono se mirent à tourbillonner comme des fétus de paille dans un ouragan.

– Au secours ! hurla Bedono en s'accrochant à la taille de Rollo. Ah ! je vais être malade !

– Vole ! Vole ! cria Rollo.

Il ne réussissait pas à contrôler leur parachute qui ne cessait de tourbillonner. Les deux trolls perdirent de l'altitude et Rollo constata avec stupeur qu'ils s'étaient rapprochés de la fumée rougeâtre.

– Non ! En haut ! En haut ! supplia Bedono d'une petite voix angoissée.

– Nous devons nous séparer de… de cette chose… et voler, bégaya Rollo, tandis qu'il se détachait de son parachute tourbillonnant.

– Nous détacher ? lança Bedono. Je n'ai volé… que… quelques fois… à quelques centimètres au-dessus du sol.

– Ne t'inquiète pas, insista Rollo. Il faut que tu voles !

Une ombre immense planait au-dessus d'eux. Rollo leva les yeux et vit que le champignon était devenu raide comme une barre. Deux serres géantes percèrent l'obscurité et s'emparèrent de lui. Le jeune troll gargouilla de peur tandis qu'un serpent ailé aux yeux violets fondait sur eux. Bedono gémit sans pouvoir détacher son regard de la bête qui ressemblait à un monstre sortant d'une légende. *Ça y est, nous allons mourir, mais quelle belle mort !* se dit Rollo.

Le dragon planta ses crocs dans le champignon et, d'un air pensif, il mastiqua un bout de chair en fixant les deux trolls de ses yeux violets. Il avait la peau épaisse comme une cuirasse de bronze, un long cou de cygne et une queue aussi robuste qu'un tronc d'arbre. Rollo ouvrit la bouche, étonné, lorsque le grand serpent déplia ses ailes. Leur envergure était aussi large que des ponts jumeaux.

La bête agita ses ailes nonchalamment et traversa les ombres bordant la falaise escarpée, entraînant le champignon avec elle. Suspendus à ses pattes, Rollo et Bedono s'accrochèrent l'un à l'autre, empêtrés dans les cordes.

Le dragon de bronze cligna des yeux et bâilla, se souciant peu des deux trolls. Il pensait sans doute qu'il allait se régaler.

CHAPITRE QUATRE

DANS LES AIRS

– Euh… messire le dragon, où nous emmenez-vous ? demanda Rollo.

Il essayait de rester calme et poli. Bedono et lui étaient blottis entre les serres de la bête.

– Ne lui parle pas ! chuchota Bedono d'une voix étranglée.

Le petit troll jetait des regards inquiets à la monstrueuse créature ailée qui planait tranquillement dans l'obscurité du Gouffre.

– Il est occupé, poursuivit-il, laisse-le voler.

Le vent fouettait les joues de Rollo et aplatissait ses longues oreilles. Bien sûr, il aurait pu ignorer le dragon et s'en aller au loin avec lui, mais ce n'était pas comme ça qu'il réussirait à sauver son père et Kronck. Ce dragon était la bête la plus magnifique du monde. Ce serait un grand honneur d'être mangé par lui. *Mais je ne suis pas prêt à mourir*, pensa Rollo. Si le dragon s'en prenait à

Styxus Rex, cette vieille canaille de sorcier aurait son compte.

Bedono gémit de plus belle en se cognant contre lui.

– Quel malheur ! Nous étions sur le point d'épouser les deux plus laides trolls de Crachoutos et voilà que nous allons mourir !

– Nous ne sommes pas encore morts, souligna Rollo.

– Non, nous sommes entre les griffes d'un dragon qui vole au-dessus d'une rivière de lave, répondit le troll. Oh, je m'ennuie de Pouillane !

Rollo contempla l'énorme bête qui les transportait à travers le canyon. Ses longues ailes battaient l'air en frémissant.

– Il me semblait bien avoir vu quelque chose de gros qui volait au-dessus de nous quand nous sommes descendus de Vieux Rot. Maintenant je sais ce que c'était.

– La chose qui va nous manger, répondit Bedono avec tristesse. Oh, je suis bien trop jeune !

– Il ne nous a pas encore mangés, dit Rollo.

– Il est difficile de voler et de manger en même temps, rétorqua Bedono en vérifiant la corde attachée à sa taille. Nous n'avons plus qu'à détacher nos liens et à nous laisser tomber dans la lave.

Rollo secoua sa tête ébouriffée.

– Non. Attendons de voir où nous allons.

L'énorme bête disparut dans le nuage obscur qui se glissait entre le ciel clair et les lueurs de la lave. Un bout de champignon et une paire de trolls désolés pendaient à ses serres acérées.

***

– Ils sont partis, murmura Pouillane.

La troll costaude pleurnichait en scrutant la brume rougeâtre au-dessus de leurs têtes. Elle secoua ses larges épaules avec tristesse.

– Ridicula, dit-elle encore, crois-tu que nous les reverrons un jour ?

La future reine renifla bruyamment, refoulant ses larmes.

– Je ne sais pas. C'est une longue pente à remonter.

– Allez-vous cesser de vous apitoyer sur vous-mêmes ? marmonna Verna en ramassant leurs sacs et leurs gourdins. Ils font leur boulot et nous faisons le nôtre. Nous allons trouver ce trésor, d'accord ? Ou du moins, les elfes.

Ridicula redressa l'échine en se rappelant qu'elle était de nouveau la chef de la bande.

– Oui, et le capitaine Masticor surveillera l'entrée du tunnel. Mouchi, il vaut mieux que tu restes avec le capitaine au cas où il aurait un message à nous envoyer.

Le gnome déglutit avec peine et jeta un coup d'œil à l'ogre blessé.

– Tu ne me feras pas traverser cet endroit lugubre tout seul ? Comment vais-je vous retrouver ?

– Nous allons tracer un sentier, répondit Ridicula.

Elle fit le tour des environs puis marcha vers le trou qui, un instant auparavant, servait encore de refuge au champignon. Elle ramassa une poignée de sable phosphorescent et fixa ses amis.

– Verna, Pouillane, ramassez du sable. Nous en disperserons le long du chemin. Comme ça, Mouchi pourra suivre nos traces.

– Je ne crois pas que ce soit une bonne idée, de nous séparer, couina le gnome.

– Ce n'est pas très sage, approuva le capitaine Masticor. Mais je guérirai si je me repose, et deux paires d'yeux valent mieux qu'une pour surveiller ce tunnel. Ne t'en fais pas, petit, tout ira bien.

Ils entendirent un cri horrible au loin, comme le glapissement d'un condor géant. Ils continuèrent à remplir leurs poches de sable jusqu'à ce qu'elles soient pleines à craquer. Puis Verna sortit son arc et y inséra une flèche.

– Dans quelle direction allons-nous ? demanda l'ogresse.

Ridicula se tourna vers le sentier qu'ils avaient emprunté après avoir quitté le crapaud géant.

– Allons dans l'autre sens, fit-elle. Nous verrons du nouveau.

Verna acquiesça et commença à se frayer un chemin à travers les plantes tordues et les mares nauséabondes. Levant son gourdin, Pouillane suivit l'ogresse tandis que Ridicula fermait la marche. Cette dernière s'efforçait de ne pas penser à Rollo ni au danger qu'il courait. Était-il parvenu à atteindre le sommet ? Ou gisait-il au fond du Gouffre ?

Rollo peut voler, se dit-elle. *Il trouvera un moyen pour nous sauver. Et s'il n'y arrive pas, il faudra que je lui sauve la peau encore une fois.*

La troll potelée ne parvenait pas à surmonter ses inquiétudes. En marchant sur la pointe des pieds entre les geysers puants et les ronces gluantes, Ridicula égrenait le sable, veillant à laisser une trace brillante.

***

Suspendu aux immenses griffes du dragon, Rollo fut soudainement aveuglé par un éclair. Plusieurs secondes s'écoulèrent avant qu'il ne comprenne qu'il s'agissait du soleil, la lumière du jour, la vraie, qui s'élevait au-dessus du Gouffre ! *Mais comme c'est étrange !* songea-t-il. Car il distinguait nettement la lave rouge juste en dessous de ses pieds. *Minute, papillon,* se dit Rollo. *Cela signifie que le Gouffre n'est pas très profond par ici.*

Ils avaient volé si loin que le fond du canyon n'était plus qu'à trente mètres. Et le Gouffre s'élargissait, formant un étang vaporeux où se déversait la lave en sifflant. Le marais était parsemé de buttes noires en roche magmatique.

Bedono ronflait à ses côtés malgré le vent qui les ballottait. Rollo réveilla son ami.

– Bedono ! Nous sommes arrivés à la fin du Gouffre.

– La fin ? marmonna le troll endormi. Ne dis pas de sottises, le Gouffre n'a pas de fin !

Et ses petits yeux porcins s'agrandirent en voyant la campagne ensoleillée et le paysage vallonné. Il cligna des yeux et s'éveilla pour de bon.

– Ça ne se peut pas ! soupira-t-il. Où est le glacier ?

– D'après ce que je vois, il a fondu, répondit Rollo. Regarde, il y a même un pré !

Au-delà du marécage s'étendait une vaste étendue de verdure parsemée de fleurs sauvages. À cette distance, il était difficile d'en être sûr, mais une hutte semblait surgir au milieu du pré.

– Je suggère de descendre ici, chuchota Rollo, alors que le vent les poussait l'un contre l'autre.

– Descendre ? demanda Bedono d'une voix craintive.

– Oui, nous ne savons pas où va le dragon et il a mangé presque tout le champignon.

Bedono étira le cou et leva les yeux vers le ciel.

– En effet. Crois-tu qu'il va nous manger ?

Rollo haussa les épaules.

– Et toi ? N'emportes-tu pas de la bouffe en voyage ?

– Nous ne sommes pas très loin de l'eau, dit Bedono, la gorge serrée. Et la terre ferme ne semble pas trop éloignée. Et puis, nous pouvons voler.

– Ça nous aidera, approuva Rollo.

Il tenta de couper la corde avec ses dents.

– Commençons à ronger nos liens, ajouta-t-il.

Lorsque les trolls rongent une corde, les fils se défont rapidement, particulièrement lorsqu'ils trouvent le point faible de la fibre. Le Gouffre et la lave étaient loin derrière eux, et l'eau ne semblait pas très profonde. Au signal de Rollo, ils donnèrent un ultime coup de dent et la corde céda enfin. Serrant les mâchoires afin de ne pas crier, Rollo et Bedono abandonnèrent le dragon et les bouts de corde au vent.

Rollo agrippa son camarade par la tignasse et essaya de voler, mais ils heurtèrent l'eau avant qu'il n'y parvienne. L'eau était tiède comme celle des sources chaudes à Crachoutos et cela soulagea Rollo de toutes ses courbatures. Bedono apparut à la surface en faisant des bulles ; il flottait au milieu des roseaux, arborant un large sourire. Rollo examina le ciel et repéra le gros dragon qui atterrissait mollement sur la rive. Il secoua Bedono.

– Enfonce-toi sous l'eau, le monstre revient.

– Hein ? Quoi ? demanda Bedono. Et s'il y a des pieuvres ou des crocodiles dans ce bassin ?

– Je les offrirai au dragon, répondit Rollo.

Il s'immergea jusqu'aux yeux et attira son ami près de lui. Seules leurs oreilles dépassaient à travers les roseaux. Le dragon se dirigea lentement vers eux, mais se désintéressa bientôt de ses proies. Le serpent géant se retourna et, en deux coups d'ailes gracieux, il s'envola au-dessus du pré. Les trolls sortirent de l'eau pour admirer la magnifique bête qui s'éloignait dans le ciel. Rollo se demanda s'il reverrait jamais un autre dragon.

– Il y a des sangsues ici ! s'exclama Bedono avec joie.

Il en attrapa une sur l'épaule velue de Rollo et l'avala.

– Tu sais, cette mare ne serait pas mal une fois aménagée. Il ne manque que quelques ponts et des lanternes. L'eau est limpide et chaude. Je m'y baignerais volontiers.

– Nous sommes loin de nos amis, dit Rollo d'un air triste, et très loin de chez nous. Allons sur la terre ferme.

Tout en mastiquant bruyamment des sangsues, les deux trolls marchèrent péniblement à travers le marais. Rollo se disait qu'il n'avait jamais vu un ciel aussi bleu et des fleurs dégageant un arôme aussi puissant. Ils n'étaient certes pas à Crachoutos ni à Bois-Joli. Une fois sur la terre ferme, ils arrivèrent dans un pré verdoyant couvert de fleurs sauvages brillant d'un jaune magnifique et d'herbes grasses et très hautes.

Il était difficile de croire que personne n'habitait un lieu aussi agréable, hormis la personne qui devait se trouver dans la hutte. C'était la seule habitation à l'horizon, et les deux amis marchèrent dans sa direction. De plus près, Rollo constata que ce n'était guère plus qu'un amas de pierres percées d'une porte basse. Le troll dut ramper pour y pénétrer.

– Hello ? cria Rollo.

Personne ne répondit à part la brise légère imprégnée du parfum des fleurs mauves poussant sur le talus. À l'arrière de la hutte, il y avait un petit potager bien entretenu. Il régnait une telle paix dans ce pré que Rollo fut tenté de s'allonger et de faire une petite sieste. Mais ils devaient poursuivre leur route, car ils n'avaient que deux jours devant eux pour empêcher Styxus Rex d'accomplir ses méfaits.

– Entrons-nous ? demanda Bedono. Je crois que je sens de la nourriture.

– Tu as du flair. Allons-y ! dit Rollo avant d'avancer vers la porte.

Bedono s'assit sur son arrière-train et se faufila dans l'entrée. Rollo le suivit. Ils pénétrèrent dans une pièce modeste, garnie d'un tout petit lit, d'une table sommaire et d'un minuscule poêle où mijotait un petit chaudron de ragoût. D'après la dimension des objets, le maître des lieux ne devait pas être plus grand qu'un elfe. Comme ni l'un ni l'autre ne pouvaient s'y tenir debout, les trolls explorèrent la cabane penchés ou assis.

Bedono s'empara de la marmite qui était sur le poêle. Il se brûla la paume, mais cela ne suffit pas à l'arrêter. Il trouva une cuillère et partagea son butin avec Rollo.

– Je suis certain qu'ils veulent que nous le mangions, affirma le petit troll.

Rollo approuva en se léchant le museau.

– Je pense qu'ils se sont enfuis en nous voyant arriver.

– Ou peut-être que le dragon les a mangés.

Après avoir englouti le moindre petit bout de nourriture en un temps record, Bedono se lécha les doigts.

– Ça manquait de larves, mais les légumes étaient frais. Qu'allons-nous faire maintenant ?

– Bonne question, répondit Rollo.

Il eut un long bâillement qui secoua la hutte. Puis il sentit son corps s'amollir et ses paupières s'alourdir.

– C'est fou comme j'ai sommeil, soupira-t-il.

– Moi aussi, dit Bedono.

Sur ces mots, le petit troll ouvrit grand les yeux, piqua du nez et s'affala à moitié sur le lit et à moitié sur le plancher. Rollo voulut se lever ; il n'y parvint pas. Il tenta de ramper jusqu'à la porte, mais son corps était aussi lourd qu'une pierre. Il ne pouvait plus bouger. Il eut à peine la force de se rouler en boule et tomba dans un profond sommeil.

***

Cela faisait des heures que Ridicula suivait Verna et Pouillane sur le sentier escarpé qui longeait la rivière de lave. Il faisait si chaud qu'elles devaient parfois s'arrêter derrière les rochers pour s'abriter de la chaleur. Lorsqu'elles étaient rafraîchies, elles poursuivaient leur escalade. À deux reprises, elles gravirent un rocher pour examiner l'horizon, mais elles ne voyaient rien d'autre que la lave rougeoyante et les touffes de mauvaises herbes.

Ridicula prenait soin de laisser une trace de sable. Lorsque ses poches furent vides, elle en demanda à Pouillane. Elle doutait que le petit Mouchi puisse franchir toute cette distance pour les rejoindre. Il était difficile de ne pas se demander comment sortir de cette gorge infernale.

Puis il commença à pleuvoir et la pluie forma un rideau de vapeur en tombant sur la lave. N'y voyant presque rien, les deux trolls et l'ogresse risquaient à tout moment de tomber dans un trou ou sur une plante carnivore. Elles s'assirent sous l'averse, se laissant submerger par le découragement. Masticor était blessé, Rollo et Bedono étaient sans doute perdus, toute la bande était dispersée.

Ridicula aurait aimé ranimer le courage de Pouillane et de Verna, mais que pouvait-elle leur raconter ?

– La pluie apporte un peu de fraîcheur, leur dit-elle finalement.

Verna secoua sa tête mouillée et bâilla, découvrant ses défenses impressionnantes.

– Ne vous en faites pas, Votre Majesté, et ne pensez qu'à notre mission. À quoi ressemble le trésor des trolls ? Comment le reconnaître si on le trouve ?

– Attendez ! lança Pouillane en observant l'autre côté de la rivière. Avez-vous entendu ?

– Quoi ? fit Ridicula qui distinguait seulement le crépitement de la pluie.

Elles tendirent l'oreille et perçurent un faible son au loin. C'étaient des coups de marteau. Quelqu'un d'autre errait dans les entrailles de la terre et faisait du tapage par cette soirée lugubre. Quelqu'un construisait quelque chose.

– Les elfes, soupira Verna en levant son arc.

Ridicula lui toucha le bras et déclara :

– On dirait que ça provient de l'autre côté de la rivière. Là, ça s'est arrêté.

Elles se turent pour écouter. Le bruit avait cessé. Elles savaient néanmoins qu'elles n'étaient plus seules au fond de ce gouffre infernal.

***

En secouant sa tête blonde pour faire tomber la pluie de ses cheveux, Dellor s'approcha de l'entrée dans le flanc de la falaise. Les ogres et les trolls avaient renoncé à suivre le passage qui les aurait conduits au sommet du Gouffre. À l'intérieur se trouvait quelque chose qui les avait poussés à fuir. Aucun signe n'indiquait la présence de la bande de Crachoutos.

L'elfe s'arrêta devant l'entrée et scruta les alentours. Il avait l'impression qu'on l'observait, mais c'étaient sans doute ses nerfs qui lui jouaient un mauvais tour. Il jeta un coup d'œil dans l'entrée qui avait été défoncée sous l'impact du boulet et aperçut les premières marches d'un escalier raide. Dellor était curieux de savoir ce qui se trouvait en haut des marches et qui avait fait peur aux ogres et aux trolls.

Cette chose est un de leurs ennemis, mais c'est peut-être un de nos amis, raisonna-t-il. Alors, le brave chef des elfes pencha la tête et se glissa dans l'entrée.

Même si les elfes voient bien sous la voûte étoilée, la totale obscurité du tunnel était plus difficile à surmonter. Dellor bénéficiait de la lueur émanant de la lave. C'était suffisant pour lui permettre de gravir les marches même s'il n'avait ni torche ni lanterne. S'il y avait quelque chose de dangereux là-haut, il préférait ne pas révéler sa présence.

L'elfe sortit son couteau, gardant son arc sur son dos, car il était inutile de tirer une flèche dans le noir. Mais il pouvait toujours harponner l'adversaire avec une flèche empoisonnée.

Dellor gravit les marches prudemment, sans faire de bruit, grâce à ses bottes souples. Il avança jusqu'à ce qu'il ne perçoive plus la lueur rouge à l'entrée. Néanmoins il continua. Comme il ne voyait plus rien, il se fia à son sens du toucher et à son flair. Il avait l'impression que quelque chose d'infect avait brûlé peu de temps auparavant, car la puanteur était tenace.

Mais il ignorait qu'il avait de la compagnie. Soudain, il entendit des battements d'ailes. Pensant qu'il s'agissait d'un oiseau ou d'une chauve-souris, l'elfe s'appuya contre le mur et leva son couteau.

– Mignon et gentil elfe, ne me fais pas de mal, susurra une petite voix polie.

Dellor avait beau scruter l'obscurité, il ne voyait rien.

– Je ne suis qu'une pauvre fée qui a perdu son chemin. Et toi ?

– Tu t'es égarée ? marmonna Dellor en baissant son arme. Pas plus que moi et ma bande.

– Depuis combien de temps êtes-vous dans le Gouffre ? demanda la fée.

– Plusieurs mois, répondit l'elfe d'une voix lasse. Les seules créatures que nous avons rencontrées, ce sont ces trolls et ces ogres que nous avons vus sortir d'ici en courant. Sais-tu ce qui les a effrayés ?

– C'est moi ! dit la fée avec fierté.

Elle baissa la voix pour raconter :

– Je leur ai lancé un boulet et je les ai fait éternuer. Le gros ogre, je lui ai chatouillé les pieds jusqu'à ce qu'il déboule les marches !

Dellor fronça les sourcils en entendant le récit de la fée. Il était heureux qu'elle ne voie pas son expression dans le noir. Une fée pouvait-elle envoyer un boulet de cette taille ? Parfois, les petites gredines étaient enclines à l'exagération.

– Comment t'appelles-tu ?

– Chipie ! Vous avez sans doute entendu parler de moi.

– Non, avoua Dellor.

– Tant mieux, pépia la voix.

Le bruissement de ses ailes se rapprocha.

– Sais-tu où se trouve le trésor du vieux roi ? poursuivit-elle.

Dellor se méfia. Pourquoi donc une fée se souciait-elle du trésor ?

CHAPITRE CINQ

DES VISITEURS VENUS DE LOIN

– Alors, qu'est-ce que tu m'as apporté ? demanda le capitaine Masticor avec un large sourire qui laissait apparaître ses défenses.

– J'en ai capturé un ! répondit le gnome en crânant. Même si c'est par hasard, ça compte tout de même, pas vrai ?

Grognant sous l'effort, le petit Mouchi tira un elfe inconscient jusqu'à leur cachette derrière les rochers.

– C'est vrai, fit le gros ogre en se soulevant sur un coude afin de mieux voir le prisonnier. Es-tu certain qu'il est en vie ?

– Pas certain, avoua Mouchi. C'est celui qui a sauvé Bedono, je pense.

– C'est celui pour qui Ridicula a un faible, ajouta Masticor avec dégoût.

Il sonda les côtes de l'elfe, et la créature poussa un soupir.

– Je pense qu'il est vivant. Il vaut mieux trouver de la corde et le ligoter.

– J'en ai une, dit Mouchi en déroulant un lasso.

– Qu'est-ce qu'il fabriquait là-haut ?

Mouchi secoua la tête.

– Je ne suis pas certain. Je l'ai vu entrer et je l'ai suivi tout simplement. Lorsque je l'ai rejoint, il parlait avec quelqu'un. Je crois que c'était Chipie. Puis j'ai entendu la voix de Styxus Rex, et l'elfe s'est mis à courir. C'est à ce moment que je l'ai capturé… Je l'avais attendu dans le noir.

– Tu veux dire qu'il a trébuché sur toi…, lança Masticor en riant. Je vais l'attacher. Vas-tu aller raconter ça à Ridicula ?

Mouchi déglutit.

– Tu veux dire : suivre la trace de sable… tout seul ?

– Elle a fait cette trace pour que tu la suives.

L'ogre leva la tête vers le ciel où tourbillonnait la brume fétide, et ajouta :

– La pluie a cessé, tu devrais partir tout de suite.

– Je n'ai pas de nourriture, marmonna Mouchi.

– Qui a dit qu'il est facile d'être un héros ? répliqua l'ogre. Allez, file !

Après avoir poussé un gros soupir, le jeune gnome décampa dans la direction qu'avaient prise Ridicula, Verna et Pouillane.

***

Rollo ouvrit les yeux. Il était couché sur le sol de pierre d'une hutte grossière et sa tête était aussi lourde qu'une poêle de fonte. Bedono ronflait paisiblement à ses côtés, sans même s'être aperçu qu'on l'avait ligoté. Rollo tenta de bouger et constata rapidement qu'il était attaché, lui aussi. Du coin de l'œil, il aperçut un bol de ragoût renversé et il se souvint de ce qui s'était passé.

Nous sommes dans une maison située au bout du Gouffre, au-delà de la rivière de lave et du marécage. On nous a jeté un sort pour nous endormir, ou on nous a donné une potion grâce à laquelle il a été facile de nous capturer. Mais quelle créature redoutable a réussi à nous faire prisonniers?

Le troll allongé se posait la question quand il entendit un grattement. Il avait l'impression que ça venait du sol et il étira le cou pour mieux voir. Lorsqu'il vit le petit poêle bouger, il ferma les yeux. Quelqu'un sortait de la trappe qui se trouvait sous le poêle. *Il vaut mieux que je fasse semblant de dormir,* se dit le troll.

Mais parce qu'il ne voulait pas se faire tuer pendant son sommeil, Rollo garda les oreilles pointées. Il entendit le poêle glisser, puis des pas traînants se firent entendre, accompagnés d'un grognement, comme si avancer était très pénible pour celui qui était là. La hutte était si petite que personne ne pouvait y marcher sans toucher les trolls endormis et Rollo sentit une jambe frôler son dos. Il ouvrit alors les yeux et aperçut un petit bonhomme dans l'embrasure de la porte. Ce dernier admirait le pré.

– Je n'ai pas eu de visiteurs depuis très longtemps, dit la voix âgée.

Le vieillard ne se retourna pas mais il avait deviné que Rollo était réveillé.

– Je dois dire que je suis surpris de voir des trolls.

– Heu… oui, nous sommes des trolls, fit Rollo. Mais nous ne voulions pas vraiment vous rendre visite. Un dragon nous a pris au vol et nous a laissés tomber ici.

Le vieil ermite fit volte-face et Rollo vit un visage parsemé de touffes de poils blancs émergeant entre de nombreuses rides. Ce n'était ni un elfe ni un gnome, mais il avait la taille d'un elfe. Frêle et voûté, il portait une tunique et des culottes de paysan.

– Vous êtes tombés du ciel ? demanda-t-il, l'air amusé. Et que fabriquent les trolls dans le ciel ?

Rollo décida de ne pas révéler qu'il savait voler.

– Nous sommes tombés du Gouffre, répondit-il. Avant cela… C'est une longue histoire.

– Votre histoire serait courte si vous étiez tombés au fond du Gouffre, lança leur ravisseur.

Rollo s'efforça de rire.

– Nous avons eu la chance de tomber dans le marécage. Dites-moi, où allait ce dragon ?

Le vieillard haussa les épaules.

– Qui sait ? Les dragons volent souvent hors du canyon, mais ils n'ont jamais laissé tomber de trolls avant aujourd'hui.

– Puisque nous ne vous voulons aucun mal, peut-être que vous nous laisserez partir ? suggéra Rollo.

L'ermite s'éloigna de lui.

– Vous me causez un vrai dilemme. Si je vous laisse partir, vous raconterez tout à vos amis et je me retrouverai bientôt avec des trolls partout dans le pré. Et vous ne pouvez pas rester avec moi parce que la maison est trop petite pour nous trois.

Rollo renonça à parler de la trappe qu'il avait remarquée. Sans doute y avait-il une cave sous la hutte.

– Si nous sortons d'ici, nous risquons de nous faire tuer de toute façon, expliqua-t-il. Notre ennemi est très puissant.

– Qui est-ce ? fit le vieux avec curiosité.

– Le sorcier Styxus Rex.

Le petit bonhomme esquissa un sourire.

– Ce vieux fripon rôde-t-il encore dans les environs ?

– Oui, répondit Rollo. Nous avions réussi à détruire ses goules et nous l'avions tué. Mais il est revenu à la vie et il menace encore de nous réduire en esclavage.

– Je pense que tu devrais me raconter cette longue histoire, dit l'ermite. Même si je ne te promets pas de te croire.

– Parfois je n'y crois pas moi-même, répliqua Rollo. Et pourtant voici ce qui m'est arrivé.

Alors, il lui raconta l'histoire du pont que Styxus Rex voulait construire au-dessus du Gouffre. Il parla de Chipie qui l'avait aidé à vaincre le mage, qui avait péri et qui était revenue à la vie sous la forme d'une vilaine fée. Et il vanta le courage de Ridicula, de Pouillane, du capitaine Masticor et de ses autres camarades.

Au milieu du récit, Bedono s'éveilla et se rendit compte qu'il était ligoté. Il demeura silencieux, préférant écouter Rollo. À la fin du récit, le vieil ermite se tourna vers Bedono.

– Est-ce que cette histoire est vraie ? lui demanda-t-il.

– Demandez à Rollo de voler ! répondit Bedono. Il peut voler, vous savez. Moi aussi, je peux le faire et nous sommes les seuls trolls volants dans les parages.

Tant pis pour mon secret, se dit Rollo.

– Allez-y ! lança le vieux bonhomme ratatiné. J'aimerais vous voir voler.

Rollo renâcla. Il voulait garder le haut du pavé.

– Je ne suis pas le genre de troll à recevoir des ordres, rétorqua-t-il. Je vole quand ça me plaît. Si vous voulez nous tuer, eh bien, faites-le maintenant, qu'on en finisse. Ainsi, vous rendrez service à Styxus Rex.

Bedono prit conscience de la gravité de la situation.

– Attendez une minute, monsieur ! Nous ne vous avons pas raconté la moitié de l'histoire ! Nous ne vous avons pas parlé du trésor du vieux roi des trolls.

L'ermite abaissa ses sourcils blancs et embroussaillés et fixa ses prisonniers.

– Vous savez où se trouve le trésor ?

– Bedono ! s'écria Rollo. Il ne croit pas un mot de ce que nous disons, alors pourquoi lui en dire davantage ?

Leur ravisseur se retourna vers la porte et contempla le paysage bucolique. Une abeille bourdonnait et Rollo huma l'odeur capiteuse des fleurs sauvages. Soudain, il éprouva une pointe de jalousie à l'égard de ce drôle de vieux bonhomme qui tenait absolument à préserver le secret de son pâturage. Le vieillard ne voulait pas de voisins, même si l'endroit était vaste et beaucoup plus beau que Crachoutos.

– Je vais aller marcher un peu et réfléchir à tout ça, dit le prince du pré. Est-ce que je veux participer à cette histoire ? C'est une décision difficile à prendre.

– Vous êtes déjà en train d'y participer, souligna Rollo.

Le frêle personnage les salua de la main et sortit de la cabane. Il s'éloigna en marchant à travers une nappe de lavande et disparut en bas de la colline.

– Vite ! Ronge mes liens ! chuchota Rollo, se tortillant jusqu'à Bedono, et lui tendant ses poignets.

– Avec plaisir !

Bedono ouvrit la bouche, découvrant une rangée de dents acérées qui pouvaient déchiqueter n'importe quoi. Quelques secondes plus tard, les liens cédèrent et Rollo défit les nœuds.

– Crois-tu que nous devrions emmener ce vieux fou ? demanda Bedono.

– Je ne veux pas lui faire de mal, mais je veux savoir ce qu'il cache sous sa maison.

Rollo fit glisser le petit poêle sur le côté, ce qui révéla une trappe. Il la souleva et vit une échelle.

– Regarde-moi ça ! s'exclama Bedono. Pouvons-nous entrer là-dedans ?

– Je vais essayer d'y pénétrer, répondit Rollo. Surveille la porte.

Le gros troll fit passer ses jambes dans le trou sans difficulté, mais son derrière se coinça. Bedono poussa sur ses épaules et Rollo tomba dans la cave.

– Aïe ! cria-t-il en atterrissant sur les fesses.

Rollo eut un mouvement de recul, regarda partout autour de lui et ouvrit la bouche devant ce qu'il voyait. C'était une grande chambre à coucher où brillait l'opulence. Au milieu de la pièce trônait un lit à baldaquin orné de dentelles noires et recouvert de draps de soie, le tout éclairé par des lanternes fleuries suspendues au haut plafond. Des meubles en bois rare débordaient de riches vêtements et un service à thé en argent était posé sur une table de marbre. D'anciennes tapisseries étaient accrochées aux murs, représentant des scènes de guerre et de torture.

Deux portes menaient aux autres pièces et Rollo s'en approcha prudemment. Par l'embrasure d'une des portes, il vit une pièce remplie d'objets étranges en métal, de cornues et d'étagères où étaient rangées des bouteilles de potion. Un motif en spirale ornait le plancher et il régnait dans la pièce une odeur rance, rappelant la sueur d'un ogre. Rollo se sentit mal à l'aise. Un bruit sourd le fit sursauter et il se retourna. Bedono lui sourit.

– Je rêve… C'est une chouette place où se cacher, pas vrai? dit le troll en parcourant la pièce.

Il se jeta sur le lit luxueux et s'étira.

– Pourquoi ne restons-nous pas ici quelque temps?

– Tu devais surveiller la porte au cas où il reviendrait, chuchota Rollo.

– Tu ne disais rien, répliqua Bedono, alors j'ai pensé que tu étais blessé. Qu'y a-t-il dans ces pièces?

– Celle-là sent mauvais et fait peur, répondit Rollo avec un frisson de délice, tout en montrant la porte du doigt. Et cette autre…

– Laisse-moi regarder ! fit le petit troll avant de bondir hors du lit douillet et de courir vers l'étroit corridor.

Il dut se baisser pour passer au travers. Aussitôt, un éclair l'aveugla et une âcre fumée envahit le passage.

– Que s'est-il passé ? demanda Rollo, se hâtant vers la porte.

La peur le tenaillait et il se cogna la tête contre le mur. « Aïe », murmura-t-il en se frottant le front sous sa corne.

– Bedono, sors de là.

Cependant, aucune réponse ne se fit entendre dans l'obscurité au fond de la chambre. Rollo décrocha une lanterne suspendue au plafond et l'approcha, mais la lumière ne perçait pas les ténèbres. C'était comme s'il n'y avait pas de chambre, seulement un trou noir.

– Bedono ? couina Rollo alors que la peur faisait battre son cœur plus vite. Où es-tu ?

***

– Le voilà ! dit Mouchi avec fierté.

Le gnome courtaud désignait l'elfe ligoté comme s'il s'agissait du monstre le plus terrible du monde.

– Je l'ai capturé, à moi tout seul.

Ridicula ouvrit la bouche lorsqu'elle vit que c'était Dellor et elle soupira. Pouillane et Verna jetèrent un regard sur le prisonnier puis sur leur camarade.

– Il est blessé, gémit cette dernière.

La jeune troll s'avança vers Dellor. Tous ses amis la dévisageaient.

– Est-ce grave ? demanda-t-elle d'un air détaché.

– Difficile à dire, répondit Masticor en se redressant sur un coude. Il refuse de causer avec nous, mais avec toi il acceptera peut-être de parler.

La troll secoua l'elfe endormi.

– Dellor ! réveille-toi !

L'air buté et fâché, l'elfe refusait d'ouvrir les yeux. Il se tortillait et essayait de se détourner.

– Dellor ! cria sèchement Ridicula. C'est moi… Ridicula. Peux-tu répondre à quelques questions ?

L'elfe ouvrit les paupières et regarda la plantureuse troll. Sa colère sembla se dissiper légèrement.

– J'ai été capturé sur votre territoire. Vous pouvez me tuer. Je ne vous en tiendrai pas rigueur.

– Très bien, fit Pouillane en levant son gourdin.

– Non ! tonna Ridicula en foudroyant la sœur de Rollo du regard. Nous avons besoin d'un elfe dans notre équipe.

– Il serait le plus joli de la bande, c'est vrai, dit Pouillane, mais que ferions-nous d'un elfe ?

Ridicula regarda Dellor d'un œil pénétrant.

– Il nous conduira au trésor du vieux roi.

Dellor sourit en dépit des bleus qui couvraient son visage.

– Qu'est-ce qui vous fait croire que je sais où se trouve le trésor et que j'accepterai de vous y conduire ?

– Les autres elfes et toi ne moisiriez pas au fond de ce trou humide, déclara Ridicula, si vous ne pensiez pas à le trouver. J'ai parlé avec Mélinda, la mère enchanteresse. Elle m'a confié qu'elle vous avait envoyés ici. Je pense qu'elle vous a fourni des indices.

– Tu as vu la mère enchanteresse ? demanda Dellor, l'air impressionné. Comment cela s'est-il passé ?

– Détachez-le, ordonna Ridicula, et laissez-le s'asseoir afin qu'il puisse écouter notre histoire. Nous allons lui raconter ce que nous avons dû subir depuis que Styxus Rex a eu la lubie de construire un pont au-dessus du Gouffre.

– Il va s'enfuir, protesta le capitaine Masticor.

Verna, Pouillane et Mouchi étaient du même avis que le capitaine.

– Non, il ne s'enfuira pas, assura Ridicula en regardant affectueusement l'elfe blond. Il ne peut pas s'enfuir. S'il s'en va, il nous conduira auprès des siens, et il le sait. Nous savons qu'ils sont là-bas, de l'autre côté de la rivière de lave.

En apprenant cette nouvelle, Dellor s'assombrit et Ridicula ajouta :

– Nous allons nous liguer avec les elfes d'ici parce que nous avons le même ennemi.

Alors, ils détachèrent Dellor qui frotta longuement ses poignets endoloris. Ils lui racontèrent toute l'histoire à propos de Styxus Rex, du général Bavant et de la défaite des goules. Rollo les avait conduits à la victoire et ils avaient besoin de lui en tant que chef pour unifier le pays de Crachoutos. Ils lui parlèrent de leur amie, la fée Chipie, qui avait été transformée en fée Carabosse grâce au couteau noir. Ils décrivirent leur visite à Bois-Joli, le sauvetage de Rollo et la guerre entre les oiseaux et les fées. Dellor était émerveillé.

– Et maintenant Styxus Rex est dans le tunnel, à attendre notre retour, conclut Ridicula. Il détient le maître artisan des ponts en otage, ainsi que le père de Rollo et de Pouillane. Si nous ne lui apportons pas le trésor d'ici deux jours, il leur arrivera malheur. Nous devons le vaincre et retrouver Rollo, une fois de plus.

– Hum, quelle pagaille! dit Dellor, l'air pensif. La situation est beaucoup plus grave que je ne le pensais. Avant que vous ne me capturiez, j'ai rencontré Chipie et votre sorcier, alors je vous crois. Mais c'est une longue escalade jusqu'au haut du Gouffre. Rollo et Bedono sont peut-être morts.

– Tu as raison, répondit Ridicula d'un air triste. Mais ça ne change rien à ce que nous devons faire.

L'elfe fronça les sourcils.

– Même si j'avais le trésor, je ne peux pas demander à ma bande de le donner au sorcier.

– Peut-être pas, chuchota Ridicula en s'agenouillant en face de Dellor. Mais nous savons que vous avez un trésor de pacotille, comme celui que vous avez placé dans le tunnel pour nous ralentir. Nous savons aussi que Styxus Rex se sert de Chipie et de ses espions pour nous épier. Tant que nous chercherons le trésor, les otages seront épargnés. Vas-tu nous aider? S'il te plaît…

L'elfe sourit tendrement à la troll potelée.

– Pour toi, Ridicula, je vais essayer.

Avec un grognement de douleur, Dellor se leva et désigna la rivière brûlante.

– Il y a une traverse de ce côté… pas loin d'ici. Cela va être difficile pour certains d'entre vous en raison de votre taille, mais nous devons aller de l'autre côté.

– Passe devant, ordonna Ridicula. Capitaine Masticor, êtes-vous prêt à voyager ?

Le gros ogre grogna en vacillant sur ses pieds.

– Oui, mais pas question de me faire transporter par un oiseau ou par un crapaud.

– Non, rien de tout ça, le rassura Dellor. Je suis pas mal secoué aussi, alors je vous comprends.

– Allons-y, fit Ridicula avec impatience. Nous perdons du temps.

Verna aida Masticor à marcher et Mouchi offrit son épaule à Dellor. Le gnome se sentait coupable d'avoir blessé le gentil elfe, mais Ridicula ne lui en voulait pas. Elle était très heureuse que Dellor soit encore en vie. *Je veux seulement qu'il nous donne un coup de main*, se disait-elle. *Nous avons besoin de son aide.*

Au moins, ils faisaient quelque chose, allaient quelque part et suivaient un plan. Elle espérait seulement qu'ils pourraient sauver Rollo, Kronck, Sancou, Bedono et tous les amis de Crachoutos.

CHAPITRE SIX

TOMBER DE PLUS EN PLUS BAS

Rollo grimpa sur le lit à baldaquin. Il l'avait placé sous la trappe du plafond. Il entendit des grincements et comprit que la trappe était solidement fermée et que le poêle se trouvait par-dessus. Le troll se trouvait dans une vaste chambre située au sous-sol d'une cabane, et il n'y avait pas d'autre issue que la porte qu'avait poussée Bedono.

Sa gorge se noua lorsqu'il songea à ce qui était arrivé à son ami. Bedono s'était précipité vers la porte et avait disparu dans un éclair d'étincelles et de fumée infecte. Le sombre portail était-il un piège contre les voleurs? Mais ce qui importait vraiment, c'était de savoir si son meilleur ami était mort... ou tout simplement parti? Et qui était le vieux schnock qui les avait empoisonnés avant de les enfermer dans la cave?

Le troll avait eu beau hurler de toutes ses forces, personne n'était venu à son aide. Il avait songé à franchir la porte où était passé Bedono, mais cette idée le faisait frémir. Il était grand, mais le plafond était trop haut pour qu'il puisse atteindre la trappe, même en se tenant debout sur le lit. Il avait essayé en volant jusqu'au plafond, mais, n'ayant aucun appui, il n'avait pas pu soulever la trappe.

Voilà pourquoi Rollo s'était juché sur la toile du baldaquin tendue entre les quatre colonnes du lit. La soie rouge semblait neuve et solide, et il espérait qu'elle pourrait supporter son poids. Retenant son souffle, il se redressa centimètre par centimètre jusque sous la trappe.

Le tissu commença à se fendre aux quatre coins. Avec un hurlement, le troll dégringola entre les lambeaux de tissu et badaboum, il s'écrasa sur le lit. Et badaboum encore, le matelas et le sommier s'écroulèrent à leur tour. Rollo atterrit durement sur le matelas qui heurta le sol. Le baldaquin et les draps retombèrent sur sa tête et il brandit le poing en direction de la trappe.

En se frottant le museau, le troll sortit du lit en ruine. Il se redressa en grognant. *Le problème, c'est ça,* se dit-il. *Je n'ai besoin que de quelques secondes pour décoller et c'est à ce moment-là que je tombe.*

Rollo poussa les morceaux du lit hors de son chemin. Puis il rapprocha la table de marbre, y posa deux chaises et deux bahuts. Après plusieurs essais infructueux, Rollo réussit à empiler les meubles. Puis il grimpa dessus. La première fois, il perdit l'équilibre, tomba dans un énorme vacarme et reçut les meubles sur lui. Mais la deuxième fois, le troll parvint à atteindre le sommet et à poser les mains sur la trappe.

Il poussa de toutes ses forces, s'efforçant d'ébranler le lourd poêle qui la maintenait en place.

– Oh ! oh ! fit-il quand il entendit les meubles craquer sous ses pieds.

Un instant plus tard, les chaises et les bahuts s'écroulèrent et Rollo s'affaissa sur la table de marbre. En colère, il se redressa parmi les éclats de bois et saisit la lourde table. Avec rage, il la lança en l'air et une partie du plafond se détacha. La table retomba sur le sol, à peine éraflée. *Hum, ça marche mieux que tout le reste*, se dit Rollo, à bout de souffle.

Il recommença plusieurs fois. À force de lancer la table, le troll réussit à percer le plafond de terre. Il s'empara de couverts qui se trouvaient dans le buffet en miettes, vola au plafond et agrandit le trou, tout en recevant des mottes de terre en plein visage. Quand le trou fut assez large, il s'y faufila et se retrouva dans le magnifique pré, à l'extérieur de la hutte.

Seulement, il faisait nuit. Sous le clair de lune, le pré s'étendait à l'infini d'un côté et, de l'autre, vers le marécage chauffé par la lave.

– Comment vais-je retrouver ma bande ? marmonna le jeune troll. Et Ridicula ?

Il se pencha dans l'entrée de la hutte et ne fut pas surpris de constater que le petit vieux tout ratatiné était parti. Rollo ne voulait pas abandonner son ami Bedono dans le sombre portail qui l'avait englouti. Mais il ne pouvait pas rester là. Son père et Kronck étaient encore en danger. Tout le monde était en danger avec Styxus Rex en liberté.

Je peux voler un peu et courir un peu, pensa-t-il. *Au moins, je peux me rendre au sommet du Gouffre à partir d'ici. J'espère seulement qu'il n'est pas trop tard.*

***

Bedono s'éveilla en clignant des yeux et regarda l'endroit où il se trouvait. Ce dernier ressemblait beaucoup à celui qu'il venait de quitter. D'une façon ou d'une autre, il était sorti de la cave de la cabane au bout du Gouffre pour atterrir dans une autre galerie. Bien sûr, les trolls ont l'habitude d'être sous la terre, mais c'était un très beau taudis. Ses yeux parcoururent les tables en bois et les étagères couvertes de vieilles bouteilles poussiéreuses.

Une torche se trouvait dans l'embrasure de la porte. Derrière lui, Bedono aperçut une autre porte et, devant lui, le noir total. Il entendit des pas dans le corridor où vacillait la lumière.

– Rollo ? Es-tu là ? demanda-t-il timidement. Rollo ?

Les pas résonnaient de plus en plus fort. Une grosse tête apparut dans l'encadrement et ce n'était pas celle de Rollo, à moins que Rollo n'ait posé récemment un bol de métal sur sa caboche. Sous le crâne en métal apparut une face horrible au pelage gris. L'individu avait une poitrine en forme de barrique et des jambes arquées. Il n'y avait qu'une créature à Crachoutos qui ressemblait à ça…

Le sergent Cranium !

– Hé, vous, là-bas ! gueula l'ogre horrible. Quoi vous faire dans cette pièce ?

– Je… je me repose, répondit Bedono, l'air pimpant.

Il s'étira sur le sol, voulant montrer qu'il était tout à fait à sa place.

– Les trolls pas avoir permission d'entrer ici ! tonna le sergent Cranium. Toi avoir prononcé nom maudit… Rollo ?

– Hello ! fit le troll avec empressement. Je vous disais tout simplement « hello ». Ou bonsoir ?

– Debout ! ordonna Cranium. Comment toi être entré ici ?

Bonne question, pensa Bedono.

– Je crois que j'ai reçu un coup sur la tête, répliqua-t-il, car je ne me souviens de rien.

– Toi recevoir coup sur tête, c'est sûr, si toi pas sortir de là.

Afin de prouver qu'il était sérieux, le vieil ogre brandit un gros gourdin. Bedono sortit de la chambre et, sous la lumière du corridor, le sergent Cranium l'examina de ses yeux chassieux.

– Toi me rappeler quelqu'un, dit l'ogre. Est-ce que moi connaître toi ?

– J'étais sous vos ordres dans le camp de la rivière Glacia, dit Bedono.

C'était vrai. Mais il n'allait pas avouer au sergent Cranium qu'il était l'ami de Rollo.

– Pouah ! grommela l'ogre. Nous avoir passé nuits terribles, nous avoir nourri trolls et montrer eux comment combattre. Vous, méchants trolls, tuer goules. Tuer toutes. Pouah !

– Ce n'était pas moi, insista Bedono, même s'il mentait. Je suis caché ici depuis longtemps. Je ne voulais pas me battre contre les goules ni contre Styxus Rex. Pourquoi aurais-je fait cela ?

Le sergent Cranium le regardait d'un air méfiant.

– Ici, cachette du sorcier, au plus profond de la terre. Comment toi passer devant gardiens ?

Bedono se frotta la tête.

– Comme je le disais, je suis un peu incertain à ce sujet. Mais personne ne vit ici, n'est-ce pas ?

– Pas depuis que goules partir.

Cranium plissa les yeux et ajouta :

– Toi, être loyal sujet de Styxus Rex, oui ou non ?

– Oh, c'était le meilleur des rois, s'empressa de répondre Bedono. Mais il est mort, non ?

L'ogre éclata de rire et déclara d'une voix sifflante :

– Toi être ici depuis très longtemps. Il y a lune, maître revenir, plus laid et plus méchant que jamais. Lui s'occuper de Rollo et des traîtres.

– Rollo ? Est-il vivant ? demanda Bedono.

– Moi douter fort, fit Cranium en ricanant. Moi pas savoir pourquoi toi croire ça. Toi avoir air louche. Moi demander gardes escorter toi jusque Morne Marais.

– Je connais le chemin, assura Bedono en filant vers les marches. Y a-t-il quelque chose que je doive dire aux trolls du Morne Marais ?

– Toi dire eux se remettre au travail ! aboya le sergent Cranium. Vacances être terminées, bon vieux temps être de retour.

– Je suis certain qu'ils seront heureux d'apprendre ça ! dit Bedono en s'éloignant de l'horrible ogre.

Le troll terrorisé remonta jusqu'à la surface pour aboutir à Moisis-les-Prés. Il regarda la lune et les étoiles, et fut surpris de constater qu'il était tout près de chez lui. Mais comment était-il arrivé jusqu'ici ? Le seul indice était ce fichu mal de tête.

Et où était passé Rollo ?

Ce n'était pas le moment d'y penser. Au moins, il avait réussi à revenir à Crachoutos, ce qu'il devait faire. Au Morne Marais, il rencontrerait peut-être des trolls assez braves pour l'accompagner jusqu'au Gouffre. Et peut-être ne serait-il pas trop tard pour sauver Kronck et Sancou et revoir sa bien-aimée Pouillane.

J'ai du pain sur la planche, se dit Bedono en se hâtant dans le pré humide.

***

– Vous plaisantez, n'est-ce pas ? demanda le capitaine Masticor d'une voix étranglée. Ce n'est pas la traverse dont vous nous avez parlé.

– C'est la seule façon de traverser qui existe depuis que nous avons détruit le pont, répondit Dellor. Vous traverserez en vous agrippant à la corde.

Deux trolls, deux ogres, un gnome et un elfe se tenaient debout, devant la rivière brûlante. Ils avaient le vertige rien qu'en regardant la corde tendue entre le rocher noir et le rocher gris, de chaque côté de la rive. Elle était tendue sur une longueur de sept mètres au-dessus de la lave incandescente d'où s'élevaient des vapeurs putrides, se balançant sous la brise chaude du Gouffre. Elle ne semblait pas très solide.

– Je vais vous montrer comment faire, dit Dellor en se dirigeant vers le rocher.

– Pas si vite, fit Verna en l'arrêtant d'un simple coup de griffe. Si nous te laissons passer en premier, tu t'enfuiras.

L'elfe s'esclaffa.

– J'ai promis de vous aider. Un elfe n'a qu'une seule parole.

Il implora Ridicula du regard, mais la grosse troll savait qu'elle ne devait pas prendre un tel risque.

– Mouchi passera en premier, fit-elle.

– Moi ? cria le gnome. C'est une longue distance et j'ai des bras très courts.

– Et des jambes courtes aussi, ajouta Pouillane. C'est bien, ainsi elles ne toucheront pas le feu.

– Nous retiendrons la corde, promit Ridicula.

Cependant, elle doutait que cette corde puisse supporter le poids d'un troll ou d'un ogre. Même si elle ne se cassait pas, elle tremperait sans doute dans la lave et ils se brûleraient les pieds.

– Je traverserai ensuite, reprit Ridicula. Si je réussis, vous réussirez aussi.

C'était logique, certes. Seul Masticor pesait plus lourd qu'elle.

– Je vais vérifier la corde et les nœuds, dit Pouillane.

La troll laissa tomber son sac à dos et son gourdin, et gravit le rocher. Elle s'affaira pendant quelques minutes, agrippa la corde et s'élança du rocher. Pouillane resta suspendue dans les airs pendant plusieurs secondes, sans essayer de franchir la nappe de lave. Puis elle lâcha la corde et se laissa retomber sur le sol.

– Les pitons sont fixés solidement, déclara-t-elle. Mais j'aimerais que la corde soit plus tendue.

– Moi aussi, répondit Ridicula. D'accord… Mouchi, tu y vas en premier. Lorsque tu seras de l'autre côté, fais le tour des environs pour voir si les elfes ne nous tendent pas une embuscade.

Dellor se mit à rire.

– Vous ne nous faites vraiment pas confiance, n'est-ce pas?

– J'ai confiance en toi, assura Ridicula. Et je suis sûre que tes amis vont nous transpercer de leurs flèches empoisonnées dès qu'ils nous verront.

– Allons, Mouchi, je vais te hisser, fit Dellor.

L'elfe souleva le gnome et l'aida à gravir le rocher noir.

Le gnome contempla avec inquiétude la coulée de feu et de bouillons.

– Je suis un mineur, pas un cascadeur, affirma-t-il à ses camarades.

– Nous sommes déjà au fond de la terre, rétorqua le capitaine Masticor. Frotte tes mains avec quelque chose de collant.

Mouchi passa ses pattes sous ses aisselles poilues et les enduisit de sueur.

– Ça colle, dit-il. J'y vais !

Le gnome agrippa la corde et s'élança du rocher. Il resta suspendu pendant quelques secondes, tentant de maîtriser sa nervosité, puis il commença à traverser en posant ses mains sur la corde, une à la fois. La fumée âcre tourbillonnait autour de lui.

– Croyez-moi, il fait chaud par ici !

– Continue ! cria Pouillane. Tu peux y arriver !

Tous jetaient des cris d'encouragement pendant que Mouchi glissait le long de la corde. Plus il avançait, plus la corde descendait vers la rivière infernale et Ridicula vit les flammes le frôler. En approchant de l'autre côté, Mouchi disparut dans la brume, et ses compagnons se tordirent les mains d'inquiétude.

– J'ai réussi ! lança sa petite voix.

Ils poussèrent tous des acclamations de joie. Même Dellor applaudit.

L'elfe regarda Ridicula d'un air inquiet.

– Es-tu certaine de vouloir y aller ? Je me sentirai très mal s'il t'arrive un malheur.

– Je me sentirai encore plus mal que toi, répondit-elle en s'efforçant de lui sourire.

Avec l'aide de Pouillane, la troll potelée grimpa jusqu'en haut du rocher. Elle distinguait les pitons et constatait que les elfes avaient fait du bon travail. La corde semblait épaisse et solide ; le seul problème était de savoir jusqu'où elle descendrait dans la lave.

Je n'ai pas le temps de penser à ça, se dit-elle. *C'est le moment d'y aller.* Alors, elle saisit la corde et balança son gros popotin dans les airs. Pour éviter de se fatiguer, Ridicula ne perdit pas de temps à demeurer suspendue au-dessus de l'étuve et elle fila tout droit.

Tout allait bien parce qu'elle ne regardait pas en bas. La chaleur était étouffante, mais il faisait chaud partout dans le canyon. Elle concentrait son regard sur la corde et sur ses griffes, ignorant qu'elle perdait de l'altitude jusqu'à ce qu'elle perçoive une odeur de fourrure brûlée. Elle regarda en bas et tressaillit en voyant que la fumée venait de ses pieds. Ils étaient à quelques centimètres des flammes.

– Ah ! cria-t-elle en relevant ses pieds tout en essayant de continuer à glisser.

Ridicula entendait à peine les cris d'encouragement de ses amis. Leurs voix étaient couvertes par les sifflements de la lave qui coulait à gros bouillons. Elle continua d'avancer et se disait qu'elle allait réussir quand elle entendit une petite voix chuchoter à son oreille.

– Hé, c'est amusant, pépia la voix. Est-ce que ça t'ennuie si je te regarde ?

Ridicula étira le cou et vit une fée blanche voler à ses côtés. C'était Chipie, la gredine ! Ses yeux brillaient de méchanceté et elle laissa échapper un rire cristallin.

– Est-ce que ça chatouille ? demanda-t-elle encore en agitant ses ailes sous les aisselles de Ridicula.

– Oh ! arrête, je t'en supplie ! gémit la troll.

Les ailes la chatouillaient sans merci, mais Ridicula s'efforçait d'avancer. Ses pieds brûlaient et elle s'affaiblissait. Enveloppée par la fumée, elle ne pouvait pas évaluer la distance qu'il lui restait à franchir avant d'atteindre la terre ferme.

N'y pense plus, se dit-elle. *Une main à la fois. Tu y es presque.*

Mais la vilaine fée s'accrochait à sa poitrine, enfonçant ses petits ongles dans sa fourrure. Ridicula tenta de se débarrasser de Chipie en donnant des coups de pied, mais, ce faisant, elle frôlait la lave brûlante. Elle commença à relâcher la corde, et chaque seconde qui s'écoulait mettait sa vie un peu plus en danger.

Cette folle de fée va me faire griller!

– Comment vas-tu trouver le trésor si tu me tues? demanda-t-elle.

– Il y a encore beaucoup d'autres trolls là d'où tu viens, répondit Chipie en riant. C'est trop amusant, je ne peux pas résister.

Découragée, loin de ses camarades, Ridicula s'apprêtait à affronter la mort. *Au moins, ce sera rapide,* pensa-t-elle. *Mais je ne reverrai plus jamais Rollo… ni Dellor.*

La fée continuait de la tourmenter en riant comme une folle. Les pieds de Ridicula glissèrent de la corde. Et avec un cri, la troll potelée dégringola dans la rivière brûlante!

CHAPITRE SEPT

LA CARTE AU TRÉSOR

Oh ! je ne suis pas morte, pensa Ridicula, surprise. Elle avait chaud dans le dos parce qu'elle flottait au-dessus de la rivière de flammes. En face d'elle planait la fée qui avait essayé de la tuer quelques secondes plus tôt ; Chipie écarquillait les yeux de surprise et paraissait paralysée ; ses ailes avaient cessé de battre ; elle avait dû se brûler elle aussi.

Mais non, elles étaient toutes les deux dans un état étrange, oscillant entre la vie et la mort. Puis Ridicula constata qu'elle déviait lentement vers la rive. La troll était presque sauvée ; elle voyait la terre ferme droit devant. Dès qu'elle fut de l'autre côté, elle tomba comme un sac de vers sur le sable dur.

Chipie continuait de flotter dans les airs, comme si ses ailes étaient gelées.

– Qu'est-ce que tu m'as fait ? couina la fée, en colère.

– Ce n'est pas moi, répondit Ridicula en se relevant. Mais je sais ce que j'aimerais te faire.

Mouchi accourut vers elle, le visage tordu par un sourire.

– Comment as-tu fait ça? demanda-t-il. Peux-tu voler toi aussi?

– Pas que je sache, fit Ridicula. Quelque chose m'a sauvée… et a arrêté Chipie.

– Ridicula! gueula une voix de l'autre côté.

C'était sans doute le capitaine Masticor.

– Est-ce que ça va?

– Oui, j'ai réussi! lança-t-elle. N'envoyez plus personne! Chipie est en liberté.

– En liberté? répliqua furieusement la fée. Je ne peux même pas bouger! Laisse-moi partir, sinon je te ferai éternuer jusqu'à ce que ta cervelle explose!

– Et que dirais-tu si je t'envoyais là-dedans pour vérifier si tu es capable de respirer sous la lave? tonna Ridicula en saisissant la fée.

Lorsque ses griffes s'approchèrent de Chipie, un vif éclair de lumière grésilla, d'où jaillit une étincelle brûlante.

– Aïe! cria Ridicula en retirant sa patte. Qu'est-ce qui se passe ici?

– Je peux vous le dire, moi, affirma une étrange voix veloutée.

La troll, le gnome et la fée se retournèrent et aperçurent une silhouette entourée d'une cape qui se dessinait dans l'ombre rouge et les tourbillons de brume. L'étrange personnage leva la main et agita ses longs ongles incurvés. Aussitôt, Chipie vogua vers la mystérieuse présence, tout en essayant de se tortiller et d'agiter les ailes pour s'éloigner. Quelques secondes plus tard, la fée flottait devant la créature couverte d'un capuchon, et Ridicula s'approcha afin d'entendre ce que cette dernière allait dire.

– Tu as été une très vilaine fée, fit l'étranger en agitant l'index devant le visage de la fée éberluée. Tu allais faire rôtir cette pauvre troll, juste pour t'amuser.

– Je suis devenue un démon ! jubila Chipie. Il faut que tu l'acceptes.

Le personnage baissa la tête et Ridicula constata qu'il n'était pas très grand.

– Tous tes mauvais plans ne te serviront à rien, déclara l'étranger, parce que Styxus Rex ne mérite pas ta fidélité. Il n'est plus que l'ombre d'une ancienne tradition, perdue à jamais, par sa faute.

– De quoi parlez-vous ? demanda Mouchi bravement. Et qui êtes-vous ?

– Chut ! Je dois parler à la fée pendant qu'elle est envoûtée. Restez tranquilles, voulez-vous ?

Maintenant, Ridicula et Mouchi comprenaient pourquoi Chipie flottait malgré elle dans l'air brumeux. Il s'agissait d'un autre mage, peut-être un elfe de pouvoir comme la mère enchanteresse. *Non,* pensa Ridicula, *cet être n'a rien à voir avec les elfes.*

– Petite fée, calme-toi, dit l'étranger en bougeant lentement sa main en face de la fée qui tentait de voler.

Chipie cessa de battre des ailes et le regarda avec une expression vide. Le mage poursuivit :

– Tu vas rendre visite à ton maître et lui voler le couteau noir et, ensuite, tu me l'apporteras.

– Attendez, intervint Ridicula, inquiète. Savez-vous qu'il est dangereux ?

– Voulez-vous retourner dans la lave ? lança-t-il.

– Non, répondit Ridicula.

– Alors, taisez-vous, ordonna le mystérieux mage sans quitter la fée des yeux. Chipie, tu vas m'apporter le couteau noir. Est-ce que tu as compris ?

– Je devrai tuer le maître pour l'avoir, répliqua-t-elle. C'est son joujou préféré… après moi, bien sûr.

– Tu veux posséder le couteau, insista-t-il. Tu as souvent songé à le lui dérober, n'est-ce pas ? Tu sais certainement comment le lui prendre. Maintenant, va le retrouver et laisse les trolls et les ogres tranquilles.

Chipie redressa sa jolie tête et dévisagea l'étranger avec curiosité.

– Comment osez-vous me donner des ordres ? Pourquoi ferais-je ça ?

– Parce que tu as compris que tu aides un imposteur, déclara-t-il froidement. Styxus Rex est un sorcier sans talent ni sens de l'honneur. La ruse est tout ce qu'il a.

La fée frémit.

– Il s'est rendu loin en étant fourbe. D'accord. Puis-je partir maintenant pour exécuter ton ordre ?

– Va ! répliqua-t-il en agitant la main.

Chipie tomba et reprit ses esprits avant d'atterrir dans un bouquet de ronces. En zigzagant, elle s'envola.

– D'accord, dit Mouchi en faisant un pas vers la sombre silhouette. Qui êtes-vous ?

– Personne, répondit la voix calmement. Je ne suis plus personne depuis longtemps. Dites, vos amis sont curieux, les voilà qui traversent de ce côté-ci.

– Ah oui ? fit Ridicula avec inquiétude.

Elle se retourna et regarda la brume jaune qui dérivait au milieu de la rivière de feu, mais elle ne vit ni ogre ni troll. Cependant, la corde s'agitait dans tous les sens au-dessus de sa tête.

Mouchi scruta la brume.

– Faites attention ! cria-t-il.

– Peut-on traverser ? beugla le capitaine Masticor, de l'autre côté.

Ridicula leva les yeux vers la corde et s'aperçut qu'elle ne bougeait plus. Puis elle chercha le mystérieux visiteur. Mais il avait disparu dans la brume.

– Où est-il allé ? demanda Mouchi, en colère. Il était là, il y a à peine une seconde.

Le gnome plongea dans les buissons, mais une liane vivante essaya de l'agripper et il recula aussitôt.

– Tu ne le trouveras pas, marmonna Ridicula. Il est parti. Fais-moi plaisir, ne parle pas de lui aux autres.

– Pourquoi ?

Ridicula frissonna malgré la chaleur que dégageait la lave.

– Parce que je ne veux pas les inquiéter davantage.

– Mais il nous a sauvé la vie.

– Vraiment ? fit Ridicula en secouant sa tête crépue. Pour combien de temps ?

Une heure plus tard, ils avaient tous traversé la rivière, y compris le capitaine Masticor. Deux ogres, deux trolls et un gnome attendaient l'elfe qui leur servait de guide. Ridicula était certaine qu'ils pouvaient faire confiance à Dellor, mais elle était la seule à le penser.

– Nous devons revenir sur nos pas, dit le guide.

Dellor les conduisit dans la direction d'où provenaient les coups de marteau, du côté de Bois-Joli. Les ogres agitaient leurs gourdins en marchant, prêts à terrasser l'ennemi.

– As-tu vu le trésor ? lança Ridicula.

Dellor hocha lentement la tête.

– Il me semble l'avoir vu… de loin.

– Ça ne ressemblait pas à un trésor ?

– Tu vas voir ce que je veux dire, répondit Dellor qui lui lança un coup d'œil et baissa la voix pour lui demander :

– Qu'est-il arrivé aux deux trolls qui étaient avec vous ?

– J'aimerais le savoir, gémit Ridicula. Ils voulaient atteindre le sommet pour surprendre Styxus Rex. Maintenant je regrette que nous nous soyons séparés.

– Je sais ce que tu veux dire, affirma Dellor avec une moue triste. J'aimerais être resté avec mes amis, moi aussi. Un chef ne devrait jamais quitter sa bande.

Ridicula approuva tout en pensant à Rollo. C'était drôle, mais il avait l'habitude de quitter ses partisans. *Tandis que moi, j'essaie de les garder ensemble*, songea-t-elle.

L'elfe soupira en se frottant la tête.

– Parfois, je me dis que je vais errer toute ma vie dans ce trou de feu.

– Tu rigoles ? riposta Ridicula. Pourquoi ne t'en vas-tu pas ? Tu dois connaître un moyen pour parvenir au sommet.

– Nous n'avons pas trouvé ce que nous sommes venus chercher, dit-il d'une voix sombre.

Sur ce, Dellor fit quelques pas, son joli visage plissé par la réflexion.

– Le trésor ? demanda la troll en branlant sa tête hirsute. Est-ce si important ?

– C'est important pour vous. C'est important pour Styxus Rex. Mon peuple est obsédé par ce trésor. Il est à la fois si près et si loin.

– Dessine-moi une carte pour m'indiquer comment nous y rendre.

L'elfe interrompit sa marche pour les regarder, elle, Masticor, Verna, Pouillane et Mouchi. Ils s'arrêtèrent eux aussi.

– Mais puisque je vous y conduis, fit Dellor, l'air peiné.

– Les autres elfes ont peut-être une autre opinion à ce sujet, répondit Ridicula. Peut-être qu'ils ne te laisseront pas faire. Et aussi, étant donné que tu es blessé, tu ne pourras peut-être pas nous suivre si nous devons courir.

– Fuir devant les elfes ? s'étouffa le capitaine Masticor. Tu plaisantes, Ridicula ?

– Ce n'est pas une plaisanterie.

La troll potelée se tourna et toisa l'elfe. Il était si mignon, elle avait envie de l'embrasser comme un toutou.

– Dellor, si tu nous dis où se trouve le trésor et que nous parvenons à le trouver, j'en donnerai la moitié aux elfes.

– Tu ne peux pas promettre ça ! lança Pouillane, glissant son gros derrière entre eux. Nous avons besoin du trésor pour libérer les otages !

– Ce que nous ne pouvons pas faire si Dellor ne nous dit pas où il se trouve, déclara Verna en poussant la grosse troll en arrière. Laisse Ridicula conclure son marché, ça va accélérer les choses.

– Non ! grommela Pouillane.

La troll costaude et l'ogresse mince écumaient de rage et se frottaient le museau.

– Couchez ! rugit Masticor en les séparant. Quand Rollo n'est pas là, c'est Ridicula qui commande. De toute façon, une carte dessinée par cet elfe sournois ne servira probablement à rien.

Ridicula renâcla parce qu'elle savait qu'on pouvait faire confiance au chef des elfes.

– Dellor s'est comporté honorablement avec moi, affirma-t-elle. S'il prétend qu'il peut nous conduire au trésor, il le fera.

– Attendez ! dit Dellor qui trouvait ça très drôle. Avant de décider comment vous allez le dépenser, vous devez d'abord le voir. Avez-vous quelque chose sur quoi je pourrais dessiner ?

– Moi, j'ai quelque chose, répondit Mouchi en faisant glisser son sac à dos. Nous avons pensé qu'il serait peut-être nécessaire de noter où se trouve le tunnel.

Il sortit un morceau d'écorce de bouleau et un bout de fusain, et les tendit à l'elfe.

– Je vais essayer de raisonner mes compagnons, promit Dellor, mais il est possible qu'ils ne veuillent pas vous aider.

Tout en dessinant sur le bout d'écorce, l'elfe expliqua :

– Ici, il y a un camp d'elfes et, là, c'est la rivière. Marchez jusqu'au sud jusqu'à ce que vous voyiez ce bassin d'eau. Ils vont parfois s'y abreuver.

– Ils ? répéta Pouillane. De qui parles-tu ?

– Ils volent, ils sont de toutes les grandeurs et ils vous mangeront, répliqua Dellor. Et comment ils s'appellent, je vous laisse le deviner. Mais vous devrez gravir des rochers escarpés, ici, derrière le bassin, et même aller plus haut pour apercevoir leur nid. Essayez d'atteindre cette étroite corniche. Une fois que vous verrez leur nid… eh bien, vous comprendrez pourquoi il vaut mieux que le trésor reste là.

Il termina son dessin et remit la carte à Ridicula qui lui adressa un sourire plein de reconnaissance.

– Je le chérirai, bégaya-t-elle. Je veux dire : cela nous aidera à trouver le trésor.

Dellor lui sourit à son tour.

– Maintenant que vous avez la carte, il serait peut-être bon de me laisser passer devant… seul. Écoutez nos coups de marteau pour savoir où nous sommes. Lorsque le soleil sera au-dessus de nos têtes et qu'il y aura de la lumière dans le Gouffre, nous travaillerons dans les rochers. Vous pourrez nous contourner en passant près de la lave.

Le capitaine Masticor grogna :

– Ça serait l'endroit idéal pour nous tendre une embuscade.

– Oui, admit Dellor en regardant Ridicula de ses beaux yeux bleus qui brillaient d'un vif éclat. Mais vous ne pourrez pas passer sous le nez de toute une bande d'elfes à moins que je ne vous aide. Je ne crois pas que je réussirai à les convaincre de vous donner le trésor, mais je peux vous offrir mon aide. Si vous l'acceptez, vous devez me faire confiance.

– Te faire confiance, fit Ridicula en soupirant d'un air rêveur.

Pouillane lui donna une tape dans le dos et elle battit des cils devant le bel elfe.

– En avant ! ordonna-t-elle.

Dellor les salua tous en soulevant son joli petit chapeau vert.

– Je n'oublierai pas votre compassion. Bonne soirée.

L'elfe marcha d'un pas agile et disparut dans la fumée âcre.

Verna grimaça.

– De la compassion ? Je pense que c'est une insulte.

– Elle a raison, maugréa Masticor en clopinant vers Ridicula. Écrasons-les ! Et faisons de même pour Styxus Rex.

– Capitaine Masticor, dit Ridicula en bombant le torse pour être à sa hauteur, nous sommes de leur côté du Gouffre maintenant et nous allons les visiter pacifiquement.

La troll jeta un regard inquiet sur les environs lugubres et chuchota :

– Capitaine Masticor, quelqu'un nous épie sans doute. Chipie était ici et nous avons vu des oiseaux. Tant qu'ils nous voient en train de chercher le trésor, les otages sont en sécurité. Laissons le temps à Rollo et à Bedono de faire leur travail. Les ogres lèveront leurs boucliers et nous marcherons derrière eux.

– Très bien, marmonna le gros ogre en levant sa lourde arme. Avançons avec prudence.

***

Quelques heures plus tard, les premiers rayons obliques du soleil longeaient les parois du Gouffre. Comme une trappe s'ouvrant lentement, la lumière se déversa sur les énormes rochers, les plantes mortelles, les gaz nauséabonds et le liquide visqueux. Pendant un instant, la lumière vive s'étira jusqu'au fond de la gorge, et les plantes déployèrent leurs longues feuilles.

Dellor posa un doigt sur ses lèvres, indiquant aux elfes de se taire.

– Je vois une bande de trolls infâmes ! murmura un éclaireur juché sur le plus haut rocher. Ils viennent de nous dépasser.

Un elfe leva son arc et Dellor lui lança un regard courroucé.

– Laissez-les passer, siffla-t-il. Ils ont des trolls volants, beaucoup de cordes et plus de bravoure que de cervelle. Laissons-les trouver le trésor pour nous !

– Ouais ! fit Festen en rigolant. Laissons les trolls le trouver pour nous ! Hi ! hi !

Les elfes sourirent d'un air espiègle et Dellor leva la main.

– Éclaireurs, accordez-leur cinq minutes d'avance, puis suivez-les. Ne les laissez pas vous voir. Les autres, retournez au travail. Fixez l'échelle pendant qu'il fait jour. Dépêchez-vous !

Les elfes se dispersèrent et Dellor eut un petit sourire de triomphe.

CHAPITRE HUIT

TAUDIS, CHER TAUDIS

Le Morne Marais ne semblait pas avoir particulièrement changé sous la lumière crue de midi. Les ponts chancelants, les talus de boue, les vieilles souches d'arbres et les bassins vaseux remplis d'eau noire, tout ça avait un petit air familier. Bedono contourna plusieurs ponts effondrés qui gisaient, attendant d'être réparés. Cela ne serait pas arrivé si Styxus Rex n'avait pas trollnappé la moitié des habitants de la ville.

Tout cela me semble très loin, même si ça ne fait que quelques lunes, pensa Bedono. *Tout a changé, mais c'est du pareil au même.*

Bien sûr, les ponts étaient déserts à cette heure, mais Bedono n'était pas seul. Il avait été suivi depuis Moisis-les-Prés par deux ogres à l'air louche. Ils le suivaient à bonne distance mais, grâce à la lumière vive, Bedono les voyait nettement se faufiler derrière lui. Ces soldats étaient sans doute fidèles au sergent Cranium qui lui-même rampait devant son ancien maître, le magicien.

Il y a des ogres qui ne comprennent rien, songea Bedono avec tristesse. Il se demanda si ses compagnons voyaient les choses comme lui.

Il s'arrêterait d'abord au terrier de Vulgalia, la mère de Rollo. Elle devait être folle d'inquiétude au sujet de Pouillane et de Rollo, ainsi que de son mari, Sancou. La dernière fois qu'il les avait vus, ils allaient bien même s'ils étaient retenus prisonniers au loin.

Le jeune troll pivota sur lui-même et contempla le portail qu'il venait de franchir. Cela voulait dire qu'il pouvait retourner au pré où il avait laissé Rollo, à condition de retrouver le chemin menant jusqu'au repaire des sorciers morts. Cela n'allait pas être facile, avec ces ogres partout, mais il fallait garder cette idée à l'esprit.

Bedono reconnut le craquement des vieilles planches sous ses pieds et comprit qu'il n'était pas loin de la demeure de Rollo. À cet endroit, il avait vu Pouillane tirer un poulpe du marécage et le traîner jusqu'à la table. Sur ces planches branlantes, ses amis et lui avaient déjoué les ogres qui patrouillaient et chassé les andouilles. Quelques semaines auparavant, ils fréquentaient la classe de maître Kronck, écoutant distraitement ses cours. Cette période insouciante lui semblait très loin à présent.

Le troll s'arrêta soudain et contourna une partie du pont brisé. C'était donc vrai : personne ne dirigeait au Morne Marais et tout était cassé. L'ancien chef était à la recherche d'un trésor, tout comme le nouveau, encore que Rollo fût peut-être mort. *Que puis-je faire tout seul ?* se demanda Bedono.

Je dois rassembler des gens et les conduire au Gouffre, se dit-il. *Nous attaquerons Styxus Rex d'en haut, tel que prévu dans le plan.*

Il atteignit un talus vaseux où les ponts s'étaient effondrés. Rollo et Pouillane avaient vécu au pied de ces buttes crasseuses. Pendu aux lianes et aux vieilles racines, Bedono se balança sous le pont et planta ses pieds dans le sol à quelques pas de l'eau. Il trouva la vieille porte en bois et frappa le plus légèrement possible.

– Vulgalia ? chuchota-t-il. Je sais qu'il fait jour mais, je t'en supplie, laisse-moi entrer !

– Allez-vous-en ! s'écria une voix rauque. N'ai-je pas assez souffert ?

– Je viens de quitter Rollo et Pouillane, répondit-il. C'est moi... Bedono !

– Bedono ? Attends une minute.

Il entendit le pêne glisser, la porte s'entrouvrit et des yeux méfiants le regardèrent. Vulgalia semblait plus voûtée et amaigrie, plus qu'avant la grande révolte, et ses yeux étaient plus rouges que d'habitude.

– Entre, vite ! murmura-t-elle en le tirant dans le terrier.

Vulgalia ferma la porte et la verrouilla derrière lui. Puis elle le dévisagea.

– Sont-ils encore en vie ?

– Oui !

– Très bien, comme ça je pourrai les tuer quand ils rentreront à la maison.

Pendant que la mère arpentait la pièce avec inquiétude, Bedono examina les lieux. Il avait espéré sentir le fumet de la nourriture, car Vulgalia cuisinait à merveille les limaces et les larves. Mais les marmites étaient froides et le terrier semblait plus lugubre que jamais.

– Nous devons réunir les trolls et marcher vers le Gouffre ! affirma Bedono avec entrain. Pour sauver votre mari, Sancou, et maître Kronck.

La vieille troll le fixa d'un œil torve.

– Minute, lança-t-elle. Les trois quarts de ma famille sont partis au Gouffre et personne n'est encore revenu à la maison. Et tu veux qu'on envoie d'autres trolls là-bas pour aller les chercher ?

– Mais ils vont bien, insista Bedono. Ta famille est sauvée, ils ont tout simplement besoin d'aide. Est-ce que les trolls se réunissent encore pour discuter entre eux?

Vulgalia fulmina :

– C'est tout ce qu'ils font. Chaque nuit, nous nous demandons ce que nous allons devenir. Vas-tu me dire ce qui se passe ?

Bedono soupira.

– C'est vraiment une longue histoire, mais disons que nous devons tuer Styxus Rex… une fois de plus ! Il garde Sancou et Kronck prisonniers dans le tunnel qui conduit au fond du Gouffre. Nous devons l'attaquer par en haut, pendant que les autres attaqueront par en bas. Peux-tu réunir un groupe ?

– Pourquoi pas toi ? demanda-t-elle d'un air méfiant.

– J'ai peur qu'ils m'aient suivi, répondit le troll en regardant par-dessus son épaule.

– Alors, tu les as conduits jusqu'ici, marmonna Vulgalia.

La troll poussa un lourd soupir.

– D'accord, je conduirai une bande au Gouffre. Qu'est-ce qu'une mère ne doit pas faire pour sa famille !

Elle l'entraîna vers la porte.

– Maintenant, tu ferais mieux de te cacher et de me laisser seule.

– Je vous retrouverai au bord du Gouffre, promit Bedono, même s'il ignorait comment il pourrait se rendre jusque là-bas.

Vulgalia ouvrit la porte et le poussa dans la lumière vive du jour. Le jeune troll faillit marcher dans l'eau noire et recula juste à temps. Il avait oublié comment se faufiler dans le marécage et craignait de voir des tentacules surgir de la vase. Mais même les poulpes étaient trop paresseux pour travailler par cette journée ensoleillée.

Bedono remonta sur le pont et reçut un éclat de soleil en plein dans l'œil. Il chancela et manqua de tomber dans la boue, mais des bras puissants l'enlacèrent. Les bras le retournèrent face contre terre. Le pauvre troll, aveuglé par l'éclair de lumière, ne put pas voir ses assaillants. Mais il sentit l'odeur des ogres.

La lumière vive se refléta sur l'objet brillant, et Bedono reconnut la tête du sergent Cranium. Le nouveau capitaine de la garde avait décidé de suivre lui-même le troll. Il était accompagné d'un de ses soldats.

– Pourquoi m'embêtez-vous? demanda Bedono en se tortillant. Vous m'avez dit de retourner à la maison et c'est ce que j'ai fait.

L'ogre croisa les bras et fit grincer ses défenses.

– Moi être retourné dans donjon où toi te trouver, petit troll. Ça être un portail secret… ou quelque chose de magique.

– Hi! hi! fit Bedono, qui riait de nervosité. J'ai oublié de vous dire ça parce que j'avais mal à la tête. Maintenant que nous avons éclairci le sujet, puis-je m'en aller?

– Pas si vite, répondit Cranium d'une voix rauque. Moi me souvenir de toi. Toi, être Bedono, ami de Rollo. Toi être très bon troll avant toi devenir traître.

Plus moyen de mentir, pensa Bedono avec inquiétude. Il détestait dire la vérité mais le sergent Cranium semblait hors de lui. Le troll poussa un gros soupir.

– D'accord, je suppose qu'il faudra que je partage le trésor avec vous pour que vous me laissiez partir?

Le casque de métal vacilla sur la tête de Cranium.

– Quel trésor?

– Oh, ne jouez pas les timorés avec moi, dit Bedono. Un ogre aussi intelligent que vous sait sûrement où se cachait Styxus Rex pendant tout ce temps. Je veux dire: Styxus Rex et Chipie. Vous savez, il aime cette petite diablesse bien plus que tous les ogres.

Le sergent Cranium regarda son copain.

– Gouge, toi étrangler lui. Lui dire où nous trouver trésor.

– Le trésor ! Le trésor ! s'écria Bedono tandis que l'autre resserrait sa poigne autour de son cou. Je suis étonné que vous n'en sachiez rien encore. Styxus Rex sait certainement où il se trouve, tout comme les elfes et les fées de Bois-Joli.

– Comment toi savoir tout ça à propos Styxus Rex ? demanda Cranium en grondant.

– Je viens juste de le voir, assura Bedono. Nous venons d'avoir une réunion avec Sa Majesté. Chipie était avec lui et des ogres qui sont sous vos ordres. J'ai même vu les otages, Kronck et Sancou.

Le vieil ogre cligna des yeux, étonné, et fit un geste à son subalterne.

– Toi laisser partir lui. Lui en savoir trop long pour dire mensonge.

Bedono secoua la tête tristement.

– Alors, Son Altesse Boule-de-Feu ne vous a pas parlé du trésor ? On dirait qu'il veut se débarrasser de vous.

Le sergent Cranium agrippa le troll par les poils du cou et aboya :

– Maintenant, toi tout raconter moi.

Le troll lui sourit d'un air sympathique.

– Nous sommes tous très peu instruits. Styxus Rex ne nous a pas parlé de notre véritable histoire. Il y a mille ans, le vieux roi des trolls régnait sur Crachoutos. Il y avait plusieurs sorciers à l'époque et ils se tenaient tranquilles.

Bedono gratta sa verrue poilue.

– Hum, ça me fait penser à ce vieux bonhomme dans la hutte. Oh, laissez tomber… mais il y a mille ans, nous combattions toujours les habitants de Bois-Joli. Alors, le roi des trolls embaucha un sorcier qui s'appelait Batmole pour creuser le Gouffre afin de séparer les deux pays. Et c'est ici que commence l'histoire du trésor.

Et il raconta au chef des ogres une bonne partie de la vérité, à part quelques menus détails. Lorsqu'il eut fini, Bedono se mit à rire.

– Alors, croyez-vous que nous avons traversé toutes ces épreuves pour le simple titre de roi ? Jamais de la vie ! Nous cherchions le trésor. Styxus Rex cherche le trésor, les elfes aussi, tout le monde le cherche. Le seul qui ne le cherche pas, c'est vous.

– Ouais, grogna le sergent Cranium. Pourquoi moi pas chercher ?

Bedono secoua la tête d'un air pensif.

– Celui qui trouvera le trésor deviendra le vrai roi de Crachoutos. Vous pourriez payer vos soldats, quelle belle armée vous auriez ! Ce n'est pas juste que Styxus Rex vous ait écartés de la course. Après tout, vous êtes sa seule armée.

Cranium renifla bruyamment.

– Ouais, toi dire vrai. Sans moi, lui être poupée chiffon.

– Évidemment, si vous voulez un partenaire..., répliqua Bedono. J'ai vu le trésor et je connais le passage secret qui conduit au fond du Gouffre. Mes partenaires m'ont laissé tomber, alors nous sommes dans le même pétrin.

Le sergent Cranium passa son bras autour des épaules de Bedono. Son haleine était fétide comme les gaz du marais.

– Toi être nouveau partenaire. Toi me plaire parce que toi avoir choisi camp gagnant. Et gagnant être moi, sergent Cranium.

Puis, baissant la voix, il ajouta :

– Moi avoir chevaux cachés dans forêt.

– Des chevaux, dit le troll en se léchant les babines. Euh... pouvons-nous manger avant de partir ?

L'ogre fit un signe à son subalterne.

– Gouge, toi donner lui provisions. Nous manger en route.

Bedono sourit. Ce nouvel arrangement lui plaisait beaucoup. Peut-être aurait-il dû mentionner le dragon, mais il avait oublié d'en parler. Au moins, il avait trouvé un moyen pour retourner au Gouffre et retrouver… ses amis.

***

Rollo glissa le long de la colline sur une vague de petites pierres. Il roula dans un carré de bruyère et rebondit en frôlant les ronces. Pour la troisième fois, il avait échoué dans sa tentative d'atteindre le bord du Gouffre qui n'était plus qu'à une courte distance, de l'autre côté de la colline. Derrière lui s'étendait la brume dense du marécage où la nappe de lave se déversait dans l'eau boueuse.

Je peux voler! se disait Rollo, mais il essayait de voler depuis des heures sans y parvenir. Il se concentrait et se voyait en train de franchir la colline et d'atterrir à des kilomètres plus loin. Mais ça ne marchait pas, il pouvait à peine sauter.

Il avait volé sur une courte distance à partir de la cabane dans le pré. Mais il ne volait pas vite et il s'était aperçu qu'il lui était plus facile de marcher. Après avoir passé toute la journée à marcher et à réfléchir, Rollo avait essayé de voler une autre fois. Il n'avait pas réussi et, depuis ce temps, il marchait. Il avait perdu le pouvoir de voler, quelque part dans cette contrée sauvage perdue au bout du monde.

J'ai faim, se dit-il. *J'ai trop faim pour voler.* Mais la faim ne l'avait jamais empêché de voler auparavant. Lorsqu'il avait été suspendu pendant des jours dans la toile de l'araignée géante, il avait été capable de voler un peu. On aurait dit que ses pouvoirs magiques avaient disparu, tout comme ses amis et sa confiance. Maintenant il n'était plus qu'un vulgaire troll et, en plus, il était seul.

Peut-être que la magie s'est dissipée à la longue, songea-t-il, assis dans la boue au bord du marécage. Styxus Rex l'avait prévenu que les effets de la magie étaient contagieux, mais il n'avait pas dit qu'ils duraient toujours. Ils s'étaient volatilisés lorsque Rollo avait commencé à s'apitoyer sur lui-même, loin de sa famille et de Ridicula.

En prenant une profonde respiration, le gros troll se concentra en regardant la colline de sable qu'il avait défiée à trois reprises. *Si je parviens seulement à survoler ce talus, je pourrai voir tout autour de moi. Je serai en haut du Gouffre. C'était la mission que Bedono et moi devions accomplir.* En pensant à son ami, Rollo étouffa un sanglot. Puis il contempla la colline.

Il avait pataugé dans le marécage jusqu'ici; il n'aurait qu'à rebrousser chemin et à marcher plusieurs kilomètres s'il voulait retrouver un terrain plat. Mais il était trop fatigué pour revenir sur ses pas. Il allait monter le versant qui s'offrait à lui et descendre de l'autre côté.

Il planta ses talons dans le sol et laboura la pente jusqu'à ce que ses pieds atteignent du sable et que la douleur envahisse ses muscles. Le troll tomba sur le ventre et se mit à ramper, nageant furieusement dans le sable mouvant de la dune. Il se tortillait bizarrement tout en progressant vers le sommet. De là, il aperçut une lumière vive qui scintillait à travers les épines. C'était comme une lampe brillant au fond d'un tunnel. Pourtant, il faisait jour.

En voyant cela, Rollo se fraya un chemin par-dessus la crête de la colline et se laissa rouler jusqu'aux buissons. À travers les ronces et les herbes, il vit un rayon de soleil se refléter sur un objet doré et tendit la patte vers ce dernier. C'était une tasse royale entièrement incrustée de joyaux et munie de deux anses admirables. Rollo n'avait jamais vu une chose aussi magnifique et il douta que personne d'autre à Crachoutos ait vu un truc pareil.

Cela fait partie du trésor du vieux roi, se dit-il. De sa main tremblante, il toucha l'objet d'or, et la tasse disparut en un éclair.

Rollo recula de quelques pas et la tasse réapparut.

Qu'est-ce que c'est que ça ? se demanda-t-il avec inquiétude. *Qui est là ?*

– Rien d'effrayant, mon cher, ce n'est qu'une illusion, répondit une voix douce qui semblait flotter dans la brise de ce paisible après-midi.

Le troll crut reconnaître la voix.

– Est-ce que je vous connais ? lança-t-il.

– Oui, oui, tu me connais, affirma la voix joyeuse qui s'élevait de la tasse dorée. Je suis Mélinda, la mère enchanteresse de Bois-Joli. Ma méfiance fut ta prison, et mon espoir, ta liberté. Est-ce que Ridicula t'a raconté comment je l'ai aidée ?

– Oui ! fit le troll avec soulagement. Et vous voilà encore pour m'aider à retrouver mes camarades !

– J'ai bien peur que non, répliqua l'elfe tristement. Je suis ici pour une seule raison. Ceci n'est qu'une pierre ensorcelée qui peut prendre l'apparence de n'importe quel objet, et je peux te parler à travers elle. Il y a quelques pierres ensorcelées dans le Gouffre, mais elles ne me sont utiles que pour parler à Dellor et à sa bande.

La tasse brillante se transforma en une pierre grise de la même taille et Rollo cligna des yeux, émerveillé.

– Vas-y, ramasse-la, dit la voix de la mère enchanteresse. Tu peux la garder si tu le désires. Mais je t'avertis : parfois je n'arrive pas à me concentrer quand j'utilise cette pierre, je ne serai pas toujours là.

– Pouvez-vous faire quelque chose qui m'aiderait à retrouver mes amis ? Le temps passe. Styxus Rex est revenu et il garde mon père et Kronck prisonniers.

– Pourquoi ne voles-tu pas ?

Rollo pencha la tête tristement.

– J'ai perdu le pouvoir de voler.

– Tu es fatigué, confus… et inquiet, répondit la mère enchanteresse. Je sais très bien comment tu te sens. Lorsque tu auras vraiment besoin de moi, je reviendrai.

Le troll ne la crut pas, parce que tout semblait aller de travers.

– Alors, pouvez-vous m'aider à retrouver mes amis ? l'implora-t-il.

– Je peux me transformer en tasse d'or et te parler, rétorqua la voix avec impatience. C'est tout. En fait, je n'ai aucune idée de l'endroit où tu te trouves, c'est un endroit où je ne suis jamais allée sauf sous la forme de cette pierre.

– Eh bien, un dragon m'a emmené ici, raconta Rollo d'une voix irritée. Nous sommes à la fin du Gouffre, là où il devait y avoir un glacier. Au lieu de ça, je n'ai vu qu'une mare pleine d'eau chaude.

– Un dragon ? demanda Mélinda. Hum… on dit que les dragons aiment les choses brillantes.

– Peut-être, fit Rollo, tout en songeant à de l'or. Mère enchanteresse, est-ce que cette pierre peut se transformer en tasse d'or chaque fois qu'on le désire ?

– Non, soupira-t-elle d'une voix triste. Pas quand je suis occupée ailleurs. Je peux la rendre plus jolie et la laisser ici, mais je crois qu'elle se fera voler.

– Espérons-le, lança Rollo en contemplant l'azur. Laissez-la sous forme de trophée, de grâce. Si je me débarrasse de certains objets, je pourrai la ranger dans mon sac.

– C'est fatigant tout ça, déclara la mère enchanteresse dont la voix chevrotait à travers la pierre ensorcelée. Nous parlerons plus tard. Protège cette tasse.

Ces paroles dites, le galet que Rollo tenait entre ses pattes se transforma en une magnifique tasse d'or incrustée de pierres précieuses et dotée de deux anses remarquables. Le troll resta bouche bée devant la merveille et faillit la laisser échapper. Puis il la serra contre sa poitrine et s'éleva dans les airs, le cœur gonflé de bonheur d'avoir reçu de l'aide, un tout petit peu. Il était sur une colline et apparaissaient au loin de grandes forêts.

De ce côté-ci du Gouffre, il retrouva le désert décharné de la rivière de lave. Le troll aperçut des tas de boue noyés sous la vapeur de la rivière chaude qui se jetait dans la mare. Peut-être y avait-il un glacier plus au nord, au-delà du pré verdoyant, mais Rollo ne le voyait pas.

Il jeta un coup d'œil par-dessus son épaule, mais ne vit que quelques nuages dans le ciel brillant. Rollo vida son sac, mangea les restes de vers desséchés et plaça la tasse aux couleurs chatoyantes au fond de son sac.

Le gros troll mit son sac en bandoulière et s'éloigna, prenant la direction du désert qui longeait le Gouffre, vers Crachoutos.

CHAPITRE NEUF

PAS D'HONNEUR CHEZ LES VOLEURS

– Est-ce toi, Chipie ? demanda la voix, résonnant dans le sombre escalier. Où étais-tu pendant tout ce temps ?

– Oh, ici et là, et partout au-dessus du Gouffre, répondit la fée.

Elle tentait d'utiliser ses pouvoirs magiques pour percer l'obscurité qui entourait Styxus Rex, mais en vain.

– J'ai suivi les trolls, les elfes, tout le monde, ajouta-t-elle. Pourquoi êtes-vous assis dans le noir, maître ?

– Pourquoi poses-tu des questions au lieu d'y répondre ? répliqua le sorcier.

Chipie entendit le froissement de ses vêtements, et le sorcier grogna :

– Je n'aime pas la lumière. C'est mieux comme ça, car mes ennemis ne me voient pas.

Chipie rigola.

– Vous n'avez quand même pas peur de ces trolls et de ces ogres stupides ?

– Non ! tonna Styxus Rex. Pas eux… Il s'agit d'autres ennemis. Je sens leur présence.

– Hum, fit la fée.

Qui peut faire peur à Styxus Rex à ce point ? se dit-elle. *Ça doit être le mystérieux personnage qui me commande.*

Le mage grommela :

– Vas-tu enfin me parler de la course au trésor ?

– La bande de Crachoutos fait de son mieux. Les elfes savent où il est et ils l'ont révélé aux trolls. Ils ont même aidé les trolls et les ogres à passer la rivière, et nous devons supposer qu'il leur est difficile d'atteindre le magot. Sinon, les elfes l'auraient déjà rapporté.

– Alors, dis-moi, pourquoi n'es-tu pas en train de les aider ? demanda Styxus Rex. Reste avec eux jusqu'à ce que tu découvres où il se trouve !

Chipie semblait peinée.

– D'abord, vous êtes fâché parce que j'ai pris du temps à vous raconter ce qui se passe et maintenant vous êtes fâché de ce que je vous ai raconté ! Faites-vous une idée !

– Oui… oui… tu as bien fait.

Le mage changea de position dans l'obscur voile qui recouvrait les marches et Chipie crut le voir pendant un instant.

– Maintenant, retourne là-bas et surveille-les ! ordonna-t-il.

Maintenant ? se dit la fée avec inquiétude. *Pas maintenant, il faut que je te vole le couteau ! L'or ne vaut rien ! Le couteau noir n'a pas de prix.*

– Comment vont les prisonniers ? lança Chipie innocemment. Dois-je les faire éternuer ?

– Ils n'ont pas besoin de toi pour éternuer, répliqua le sorcier d'une voix traînante. Disparais, Chipie, et sois prudente. Peut-être que je me fais du souci pour rien...

Chipie était déchirée. Elle ne savait de quel côté aller. Elle savait seulement qu'elle devait voler le couteau encore une fois. Peut-être qu'elle ne le donnerait pas à son nouvel ami et qu'elle le garderait pour elle.

– Au revoir, maître, dit-elle.

La fée vola un peu plus loin et se cacha derrière les marches. De là, elle allait pouvoir surveiller le sorcier. *Il fallait bien qu'il dorme, non ?*

Au bout d'un moment, Chipie entendit des reniflements, comme si le grand sorcier pleurait. Quelques minutes plus tard, elle l'entendit qui murmurait tout seul, comme s'il parlait dans son sommeil.

– Allons, mes amis, prenez encore de ce ragoût visqueux! marmonna-t-il. C'est bon pour vous. Mangez autant que vous voulez, ça vous fera du bien!

Il rêve, pensa Chipie. Elle allait se précipiter sur le couteau même si Styxus Rex était voilé par l'obscurité. Elle s'arrêta en entendant des pas résonner plus haut dans le tunnel.

Le sorcier s'agita.

– Qui va là? demanda-t-il. Est-ce toi, Boucher?

– Moi, Boucher, grogna un ogre. Beaucoup de bestioles, ici, des sales bêtes qui piquent. Besoin boule de feu.

– Oh, vous êtes tous des gros bébés, gémit Styxus Rex. Nous avons d'autres soucis plus importants que ces misérables bestioles. Prends de l'huile à lampe pour les brûler et laisse-moi seul. Je dois réfléchir.

– Oui, maître. Désolé, maître.

Les pas de l'ogre s'éloignèrent.

Chipie se cacha derrière la marche, parce que le sorcier était réveillé. Il était inquiet et nerveux, mais il allait sans doute s'assoupir. Dès qu'il serait endormi, elle n'hésiterait plus et lui volerait le couteau, tout comme elle l'avait volé à Rollo.

***

Au fond du Gouffre, Ridicula marchait à la tête de sa valeureuse bande qui se frayait un chemin à travers la mare dévoreuse de gnomes succulents. Elle n'en croyait pas ses yeux: les plantes se multipliaient le long de la rivière. Ici, c'était une mer de lianes carnivores, de ronces assoiffées de sang, et de lierres vénéneux. Le flot de lave diminuait sous la végétation puissante.

Bien qu'elle fût forte, la jeune troll était épuisée d'avoir rampé dans les buissons. Elle avait une épaisse toison, mais son corps était couvert d'égratignures, sans parler des marques de bardanes et d'épines.

Poussant un grognement, Ridicula brandit son gourdin vers une liane qui pendait au-dessus du sentier. Son élan la fit chavirer dans les épais fourrés qui tentèrent de l'étrangler. Verna et Pouillane la tirèrent rapidement de ce mauvais pas et Ridicula se redressa. Pendant un moment, toutes trois demeurèrent plantées là, à bout de souffle dans la chaleur étouffante.

Ridicula regarda le sentier qu'elles avaient ouvert et elle vit le capitaine Masticor et Mouchi qui marchaient très loin derrière elles. *Nous marchons lentement et ces deux-là n'arrivent pas à nous suivre?* se dit-elle. Elle voulut crier au petit gnome et à l'ogre blessé d'avancer plus vite, mais elle n'en avait plus la force.

Verna lui donna une tape dans le dos.

– Hé, ne flanche pas! Nous sommes presque arrivés.

– Je ne sais plus si nous suivons la carte, soupira Ridicula en glissant une main sous sa veste pour attraper l'écorce de bouleau couverte de dessins. Où sommes-nous?

– Range ce truc stupide, lança Pouillane. Il y a une falaise escarpée d'un côté et une rivière de feu de l'autre. Comment se tromper de chemin?

– À moins qu'il ne s'agisse d'une mauvaise plaisanterie de la part des elfes, ajouta Verna. Ils ont déjà installé des faux trésors et des pièges. Ils nous ont juré qu'ils savent où se trouve le trésor, mais peut-être que Dellor a fait cette carte dans le seul but que nous le libérions.

– Je ne le crois pas, insista Ridicula, même si elle commençait à en douter.

Cette partie du canyon ne semblait comporter aucun sentier… La jungle était humide, touffue, et semblait être restée à l'état sauvage. Ridicula examina la carte.

– Nous ne devons pas rater le bassin qu'il a indiqué.

– Il doit être plus grand que ces petits geysers, répliqua Pouillane en bousculant Ridicula. C'est à mon tour de commander.

– Non, attends, dit Ridicula. Le capitaine Masticor et Mouchi sont loin derrière nous et ils sont épuisés. Nous avons besoin de nous reposer. Allons jusqu'à la falaise et essayons de trouver une clairière.

Verna fronça les sourcils.

– Je n'aime pas l'idée de camper près de la falaise. Et si une pierre nous tombait dessus? fit-elle en pointant le doigt vers les pics au-dessus de leurs têtes. Et nous ne savons pas ce que mijote cette fée stupide.

– Nous nous abriterons sous nos boucliers, proposa Pouillane. Je suis d'accord avec Ridicula. Je suis fatiguée de me battre contre ces plantes diaboliques. Allons-y.

Pouillane ouvrit la voie à coups de gourdin et toutes trois s'enfoncèrent dans la jungle humide qui s'étendait jusqu'aux murs du canyon. Des amas de pierres et de cailloux indiquaient qu'il se produisait parfois des éboulements. Verna construisit rapidement un abri avec son bouclier et se réfugia en dessous. Ridicula était si soulagée de n'avoir plus à combattre les plantes qu'elle s'effondra sur le sol. Pouillane montait la garde, attendant que Masticor et Mouchi les rejoignent.

Quelques minutes plus tard, l'ogre blessé et le gnome épuisé arrivèrent en titubant jusqu'au campement et s'écroulèrent sur les genoux. La pluie tombait dru, mais personne ne s'en plaignait, tant il faisait chaud.

– Devrions-nous monter la garde? demanda Mouchi.

Ridicula secoua ses larges épaules.

– Crois-tu que quelqu'un va venir nous embêter? Pas étonnant que les elfes ne s'aventurent pas aussi loin! Comment réussiraient-ils à franchir ces buissons? Nous y parvenons à peine.

– Nous sommes en train de leur ouvrir le chemin, fit remarquer le capitaine Masticor.

– Oui, c'est ce que nous faisons, reconnut Ridicula d'un air pensif, tournant la tête vers la piste qu'ils avaient défrichée à travers le sous-bois touffu. Il faut nous assurer que nous ne sommes pas en train de faire une corvée pour eux. Nous, les trolls, nous avons fini de travailler pour les autres.

Pouillane se mit à rire et écrasa une libellule géante.

– Es-tu en train de nous dire que tu ne fais plus confiance à ce Dellor aux yeux de biche?

– Il a de beaux yeux, hein ? lança Ridicula en poussant un soupir.

Il était question de vie ou de mort et elle chassa cette pensée importune. Si seulement ils avaient le trésor du vieux roi, ça clouerait le bec à Styxus Rex, à Dellor et à tous les autres.

Ridicula fit le tour de l'étroite piste qui serpentait entre la falaise et la jungle touffue et une idée lui vint à l'esprit.

– Si quelqu'un nous suit, il devra emprunter la piste, dit-elle. Dans ce cas, c'est un bon endroit pour dresser un piège.

Mouchi bondit sur ses pieds en applaudissant avec enthousiasme.

– Sinistre idée… C'est ce que nous devons faire ! Et tu sais, quoi ? Le capitaine et moi avions l'impression d'être suivis pendant que nous traînions derrière vous sur le sentier. Un frémissement dans l'herbe, une voix dans le vent.

– Baissez la voix, ordonna Verna en sortant la tête de dessous le bouclier. Nous devons chuchoter. Mais, pendant que nous creuserons le trou, nous parlerons à voix haute pour couvrir le bruit.

Le capitaine Masticor éclata de rire et déclara :

– Nous leur rendrons ainsi la monnaie de leur pièce à ces fous qui nous ont fait courir dans le tunnel. Ridicula, préviens-moi quand il faudra parler à voix haute et je vous raconterai des histoires de goules très drôles.

– Nous allons commencer à creuser toutes les trois, dit la troll en désignant Pouillane et Verna.

Comme ils vivaient sous la terre, creuser était tout à fait naturel pour les gens de Crachoutos. Le capitaine Masticor leur raconta des blagues pour couvrir le bruit et éloigner les espions. Mouchi dirigeait l'opération, tandis que les trois trolls musclées creusaient un trou d'une profondeur impressionnante. Elles coupèrent de fines branches qu'elles posèrent en travers du trou et le couvrirent de lianes.

Lorsqu'elles eurent terminé leur travail, le piège était assez grand pour emprisonner deux ou trois elfes imprudents et ralentir les autres. Ridicula se sentit légèrement coupable, mais il valait mieux rappeler aux elfes que sa bande allait s'emparer du trésor.

Excités à l'idée de tendre un piège, les membres de la bande de Crachoutos étaient ragaillardis. Ils se remirent en route. Pouillane ouvrait la marche. Ils avaient à peine fait une centaine de pas que Ridicula entendit des cris horrifiés derrière eux.

Tout le monde s'immobilisa et entendit les jurons que proféraient les elfes. Le capitaine Masticor se tourna vers la troll et se mit à rire.

– Il semble que ton piège ait fonctionné.

– Bien fait ! glapit Mouchi.

Tout le monde prit le temps de savourer la plaisanterie, mais Ridicula avait du mal à sourire. Elle s'inquiétait pour Dellor, craignant qu'il ne soit tombé dans le trou, mais elle n'avait pas de temps à perdre à rêver à son cher elfe.

– Cela nous permettra de gagner du terrain, dit-elle en bombant le torse. En avant !

Poussant des grognements, l'infâme bande fonça au milieu des plantes affamées de délicieux trolls et des lianes barbues. Une brume putride flottait au-dessus d'eux et la lueur rougeâtre de la lave imprégnait toute chose.

***

Dellor poussa un cri de rage en apercevant ses deux misérables éclaireurs au fond du trou. L'un avait la jambe cassée, et l'autre s'était tordu la cheville.

– Nous sommes désolés, messire! dit un des éclaireurs en sautillant sur un pied. Ils quittaient leur campement et nous nous sommes précipités à leurs trousses!

Le chef agita la main.

– Descendez une corde, dit-il à Fenouil. Sortez-les de là.

– Oui, monsieur, répondit l'officier.

– Les démons! s'exclama Festen. Comment ont-ils pu songer à nous tendre un piège? Après que tu leur as dit où se trouvait le trésor.

– Je pense qu'ils ont de la mémoire, répondit Dellor. Ou peut-être qu'ils ont deviné que nous les suivions.

Il sentit les regards accusateurs que lui jetaient les elfes. Ceux-ci n'avaient jamais contesté ses décisions, mais il fallait qu'ils sachent s'il désirait être amical avec les trolls et les ogres. Les elfes avaient l'air sombre en repêchant leurs amis blessés dans le trou.

– D'accord, fit le chef des elfes, nous devons les considérer comme nos ennemis. Vous, les blessés, vous attendrez ici. Les autres doivent avancer avec prudence. Même si les trolls trouvent le trésor, je ne vois pas comment ils pourront nous le passer sous le nez.

– J'espère que non, lança Fenouil. Ou alors tu auras à en répondre devant tout le royaume des elfes.

– Ils ne l'ont pas encore découvert, déclara Dellor.

Le chef des elfes marcha de long en large devant les autres, puis il s'arrêta. Prudemment, Dellor saisit son arc et sonda le terrain afin de voir s'il ne découvrirait pas d'autres pièges.

Ils devraient marcher lentement, l'ennemi avait de l'avance.

***

Bedono avait pensé qu'il serait amusant de monter à cheval. Toutefois, il était ballotté d'un côté et de l'autre, et il avait si mal au derrière qu'il était impatient de se retrouver sur le sol. À ses côtés, se tenaient ses nouveaux partenaires, le sergent Cranium et Gouge. Les ogres semblaient à l'aise sur leur selle, mais les montures peinaient sous leur poids. Bedono devait souvent retenir son cheval qui prenait de l'avance.

Il fut facile de traverser la rivière Glacia, même si l'eau était glaciale, car Cranium savait où se trouvait le gué. Il leur fut plus pénible de traverser le désert, car ils avançaient jour et nuit, marchant parfois à côté de leurs chevaux afin de les épargner. Il faisait jour lorsqu'ils atteignirent enfin le Gouffre, et même Cranium resta bouche bée en le voyant. Le vieil ogre sauta en bas de son cheval, inclina son casque métallique et contempla les abysses.

– Comment vous, trolls, pouvoir voler par-dessus ça ? demanda-t-il en agitant la main vers la gorge monstrueuse et les arbres touffus qui croissaient de l'autre côté.

– Eh bien, j'ai remonté la gorge en volant, mais je ne l'ai pas traversée dans le sens de la largeur, avoua Bedono. Nous devrions chercher le sentier ou trouver une piste.

– Je les vois ! cria Gouge qui, agenouillé, scrutait le désert. Les traces vont vers le bord du Gouffre.

– À cheval, ordonna le sergent Cranium.

Une fois sur leurs montures, les trois compères chevauchèrent jusqu'à ce qu'ils aperçoivent deux silhouettes au loin. En s'approchant, Bedono vit que deux ogres montaient la garde près de la fosse dans laquelle Ridicula était tombée après avoir défoncé le sol. Cette fosse n'était pas la véritable entrée du tunnel, mais elle y menait tout aussi bien.

Les sentinelles se raidirent en apercevant les trois voyageurs. Le sergent Cranium ne souriait pas souvent, mais il fit un effort pour avoir l'air amical.

– Salut, Ternu ! Bonjour, Possum ! dit-il aux ogres tout en mettant pied à terre. Tout aller bien ?

Les deux sentinelles se regardèrent avec surprise et l'une d'elles grogna :

– Très bien, sergent Cranium. Que voulez-vous ?

– Moi vouloir descendre là-dedans, répondit le vieil ogre en pointant une griffe vers le trou.

Ternu secoua sa tête crépue et ses larges défenses.

– Le maître a dit de ne laisser entrer personne.

– Moi pas être personne ! rugit Cranium.

L'ogre attrapa la sentinelle par le cou en heurtant ses défenses contre les siennes. Son casque de métal brillait sous le soleil.

– Ternu, toi être sous ordres à moi avant que toi venir ici. Moi avoir message urgent pour Styxus Rex. Nous aller porter et vous attendre ici avec chevaux.

– Nous pouvons prendre les chevaux ? demanda l'autre sentinelle.

Ternu lui décocha un regard furieux.

– Le maître a dit qu'il ne veut voir personne en bas. Et cela inclut le sergent Cranium, insista le gros ogre. Gros secret.

– Oh, toi parler trésor, fit Cranium en rigolant.

En voyant la surprise qui se dessinait sur leur visage, le vieil ogre rit encore plus fort.

– Oh, moi tout savoir sur trésor. Vous savoir quoi message parler? Maintenant, vous dégager.

– Nous avons reçu des ordres! dit Possum en redressant l'échine, sans s'éloigner de la fosse.

Le sergent Cranium se frotta le museau contre celui du jeune ogre.

– Toi défier moi, jeune poulet? Moi avoir tout appris toi, et moi savoir encore plus que toi.

Gouge sauta en bas de son cheval et tendit les rênes à Bedono. La brute s'avança en brandissant son gourdin.

– Espèces d'ogres stupides, vous écarter de moi! Vous parler sergent Cranium, moi être maître, vous être sujets!

Bedono vit que les ogres réfléchissaient, ce qui était ardu pour eux. Il espérait que Ternu et Possum fléchiraient, mais la peur que leur inspirait Styxus Rex était grande. Possum se pencha pour ramasser son gourdin, mais Cranium lui fit un croc-en-jambe et le renversa. Il donna une poussée au gros ogre et l'envoya dans le trou. Gouge et Ternu échangèrent quelques coups tandis que Bedono essayait de calmer les chevaux.

Cranium frappa Ternu dans le dos, ce qui mit un terme à la bataille. Les deux sentinelles étaient hors de combat.

– Eux veiller sur chevaux quand eux réveiller, dit Cranium. Vous prendre sacs et torches.

Pendant que les ogres préparaient les provisions et le matériel, Bedono scrutait l'horizon parcheminé, espérant voir surgir une armée de trolls dans le désert. Mais c'était inutile car il s'écoulerait plusieurs nuits avant que Vulgalia ne répande la nouvelle. Ils avaient franchi rapidement le désert grâce à leurs chevaux et, à pied, personne ne pouvait les rejoindre. Rien n'allait empêcher Bedono d'aller sous la terre en compagnie de ces deux ogres cupides, ses nouveaux partenaires dans la course au trésor.

Le sergent Cranium alluma une torche et remit un sac à dos à Bedono, puis il désigna le trou.

– Moi aller après toi, troll.

– Eh bien, merci, dit Bedono, la gorge serrée. Euh… qu'allons-nous faire lorsque nous rencontrerons Styxus Rex ?

Cranium se gratta le bol.

– Toi savoir où trouver trésor, pas vrai ?

– Oui, mentit Bedono.

– Alors, pourquoi nous avoir besoin sorcier ?

Cranium regarda Gouge, et les deux ogres se mirent à rire.

Bedono s'efforça de rire avec eux. Quand il mentait, tout allait de mal en pis. Il se consola en se disant qu'il conduisait une petite armée contre Styxus Rex. Et pour la deuxième fois de sa vie, Bedono sauta dans le sombre passage qui conduisait au Gouffre.

CHAPITRE DIX

UN POINT DE REPÈRE

Une autre journée se leva, mais la lumière n'illumina le fond du Gouffre qu'un bref instant, effleurant la paroi de la falaise et disparaissant aussitôt. Ridicula et ses compagnons furent plongés dans la nuée rouge et la vapeur brûlante qui régnaient dans les profondeurs de la terre.

En se frayant un chemin au milieu de la végétation, Ridicula craignait que le délai accordé par Styxus Rex ne soit échu. Deux jours, avait-il dit. Elle tentait de ne pas trop y penser. Le temps s'écoulait lentement dans cette gorge sans âge où l'on ne voyait ni les étoiles, ni la lune, ni le soleil. Malgré tout, ils avançaient d'un bon pas en fendant les buissons.

Chaque fois qu'ils s'arrêtaient pour se reposer, ils prenaient le temps d'installer un piège pour leurs amis les elfes. C'était souvent le coup du fil tendu au-dessus d'un trou. Se doutant que leurs petits pièges ne parviendraient pas à blesser les elfes, Ridicula se dit que cela suffirait au moins à les ralentir. Elle se sentait coupable, mais elle savait que les elfes auraient fait la même chose devant l'adversaire.

S'il y avait un trésor au fond de cette gorge en feu, Ridicula ne voulait pas que quiconque se casse le cou en tentant de l'atteindre. Elle serait heureuse de partager le magot avec les elfes, mais seulement après avoir renversé Styxus Rex… encore une fois. Tant que le sorcier serait là, ils n'auraient pas la paix.

Ridicula s'interrogeait aussi à propos du mystérieux étranger qu'elle avait rencontré, celui qui lui avait sauvé la vie lorsqu'elle allait tomber dans la lave. Il convoitait le couteau plus que le trésor et il semblait très puissant. Malgré la chaleur, Ridicula frissonna en pensant à l'étranger drapé d'une longue cape et elle souhaita ne jamais le revoir.

Au crépuscule, ils s'enfoncèrent plus profondément dans la végétation. Les plantes les fouettaient et les mordaient au passage. Ridicula distinguait à peine la paroi du canyon, qui s'éloignait de plus en plus. Au fur et à mesure qu'ils s'éloignaient de la coulée de lave, la gorge s'élargissait. Les cendres, la vapeur et les odeurs rances envahissaient l'atmosphère et des tisons tourbillonnaient dans l'air.

Ridicula leva la tête, scrutant l'obscurité qui planait au-dessus d'eux, espérant atteindre le sommet du Gouffre et respirer un peu d'air frais. L'odeur était nauséabonde et déprimante ; plus personne ne disait un mot. Après avoir enduré cette chaleur, et cette odeur, la troll aurait aimé se baigner, même dans les eaux glaciales de la rivière Glacia.

Les yeux tournés vers le ciel, elle crut voir une ombre passer dans la brume et elle se jeta sur le sol.

– Ridicula, qu'est-ce que c'est ? demanda Pouillane avec inquiétude. Des flèches ?

Ridicula observait le ciel mais elle ne voyait rien.

– Je pense que c'était un oiseau. Quelque chose volait au-dessus de nous.

– Les oiseaux sont nos amis, pas vrai ? lança le capitaine Masticor en frottant la bosse sur sa tête.

– Certains font la volonté du sorcier, répondit Mouchi, jetant un coup d'œil à Ridicula. Ou ils suivent la vilaine fée.

Masticor grogna.

– Je confonds tout.

Sur le sentier devant eux, Verna cessa de fouetter les plantes et se pencha en reprenant son souffle.

– Bon, pourquoi cessez-vous de parler? Est-ce qu'on dresse le camp ici?

Tout le monde regardait Ridicula avec espoir, estimant que c'était une bonne idée.

– Continuons. Je pense que nous sommes près du but. Je vais passer devant si tu es fatiguée, Verna.

– Non, souffla l'ogresse, épuisée. Qu'est-ce qui te fait croire ça?

Et elle se remit aussitôt à faucher les lianes et les plantes.

Ils voyagèrent une bonne partie de la journée, ou de la nuit, ils ne savaient plus. Ridicula était en avant quand elle s'aperçut qu'elle gravissait une montagne. Les plantes étaient plus petites et moins agressives, alors elle monta jusqu'en haut pour voir plus loin. Elle entendit ses camarades courir derrière elle, tentant de la rejoindre. Sur le sommet, la troll s'arrêta et contempla le paysage étonnant. Au-delà du canyon, la rivière de feu s'élevait droit dans les airs, rejoignant une énorme colonne de feu. Son inquiétude diminua lorsqu'elle constata que cela se passait très loin.

– Qu'est-ce que c'est? demanda Pouillane, surgissant derrière elle.

– Je ne suis pas certaine, répondit Ridicula, mais je pense qu'il s'agit de la source de la lave, le volcan.

– C'est une grosse montagne de feu, répliqua Pouillane.

– Heureusement, elle est loin, fit Verna en rejoignant ses camarades. Qu'y a-t-il d'autre par ici ?

Le volcan était formidable ; Ridicula en oubliait d'examiner les lieux. Quand elle revint à la réalité, ils étaient sur un plateau rocailleux où poussaient quelques plantes. La lave était loin, mais ils étaient entourés de geysers qui crachaient des jets de vapeur haut dans le ciel. L'eau se condensait et retombait en formant des flaques où luisait une eau rouge comme du sang.

Ces flaques n'apparaissaient pas sur la carte que Dellor avait dessinée, mais c'était un indice révélant qu'il y avait de l'eau dans les parages. Peut-être y avait-il une plus grande nappe d'eau ailleurs.

Lorsqu'ils les rejoignirent, le capitaine Masticor et Mouchi demeurèrent interdits.

– Nous devons rebrousser chemin, affirma Mouchi, ce n'est pas un endroit très sûr.

Le gnome courtaud tourna les talons et voulut courir.

– Pas question ! rugit Masticor en agrippant son compagnon. Nous approchons du but, je peux sentir les diamants et les perles.

– Masticor, tu ne saurais même pas reconnaître une perle dans une huître, lança Verna en s'esclaffant. Je suggère de continuer avant que des problèmes surgissent.

Pouillane s'éloigna du groupe.

– Au moins, nous n'aurons pas à ouvrir un chemin au milieu de la végétation. Je vais aller faire un tour plus loin.

– Je t'accompagne, dit Ridicula.

Elle luttait contre l'envie de sortir la carte de Dellor et de l'examiner. Elle l'avait étudiée des centaines de fois. Et chaque fois, cela rappelait aux autres combien elle faisait confiance au petit mignon. D'ailleurs, la carte n'indiquait pas le plateau où ils se trouvaient ni le volcan, et cela signifiait qu'ils devraient se débrouiller sans elle.

– Le capitaine Masticor et Mouchi doivent se reposer, déclara Ridicula. Verna, tu resteras ici pour les protéger.

– Allons-y, fit Pouillane.

Les trolls marchaient vite car le sol était chaud sous leurs pieds. Elles devaient éviter des geysers qui, à tout moment, faisaient jaillir de la vapeur brûlante sans prévenir, tandis qu'elles sautaient par-dessus des flaques d'eau bouillante. En jetant un coup d'œil à droite, Ridicula vit la lave brûlante s'écouler au bord d'un rocher. Elle était heureuse d'être au-dessus des flammes.

Après avoir longtemps marché en déjouant les douches chaudes et la pluie de scories, Ridicula et Pouillane descendirent le versant de la montagne. Elles remarquèrent des rigoles d'eau fumante courant dans les crevasses qui aboutissaient sans doute à un bassin. Ridicula sentit la vase sous ses pieds, ce qui lui rappela son village.

Peu après cette découverte, elle faillit tomber dans une grande mare de liquide rouge. L'eau tiède qui rutilait sous le reflet de la lave lui inspirait de la crainte.

– Le bassin ! soupira Ridicula. C'est le point de repère indiqué sur la carte.

Elle leva les yeux et scruta les falaises escarpées qui dominaient le plan d'eau. Elle cherchait les autres points de repère, notamment l'étroite corniche où se trouvait le trésor, mais elle ne vit rien d'autre que la brume féerique et des ombres chatoyantes.

– Nous avons besoin de plus de lumière pour voir où nous allons, dit Pouillane.

– Va chercher les autres, chuchota Ridicula. Je vais surveiller l'endroit.

Pouillane secoua sa tête embroussaillée.

– Es-tu certaine de vouloir rester toute seule ici ?

– Conduis-les ici, répondit Ridicula. Je vais essayer de trouver un chemin qui nous mènera là-haut.

Pouillane poussa un grognement et détala à toute vitesse, esquivant un geyser qui essayait de l'arroser. Ridicula resta seule sur le plateau, entourée de rochers, d'eau et de feu. Dévorée par la soif, elle se demanda si l'eau était potable. Elle s'agenouilla sur la rive boueuse.

Elle effleura délicatement la surface de l'eau du bout de sa patte, et son reflet se brisa en des milliers de vers brillants et rouges. L'eau était tiède et non pas bouillante en comparaison des petites flaques qui se formaient non loin des geysers, et Ridicula approcha ses doigts de son museau. Les sens de la troll étaient troublés par tous les gaz qu'elle avait respirés dans le Gouffre, mais elle trouva que l'eau sentait bon.

Ridicula but longtemps, aspirant l'eau à grandes goulées afin d'étancher sa soif. Quand elle se redressa, elle entendit un léger gazouillement et aperçut une créature merveilleuse. Celle-ci avait de longues ailes de cuir, un long bec et de longues dents pointues. Son cou mince était recouvert d'écailles couleur de bronze. L'animal semblait tenir sur trois pattes et il était à peu près de la taille de Ridicula, du moins en position accroupie.

La bête se retourna et la troll vit sa tête où luisaient deux yeux de fouine et des crocs acérés. Ridicula songea que la créature ailée avait probablement faim, elle aussi, et que les trolls étaient peut-être au menu. Elle regretta d'avoir renvoyé Pouillane. Le monstre avait de tout petits pieds et de longues griffes, et elle remarqua qu'il était accoudé sur son aile repliée et sur sa longue queue, ce qui lui avait donné l'impression qu'il n'avait que trois pattes.

Il ouvrit le bec et se mit à gazouiller, tout heureux de la voir. *Nous nous sommes tout simplement rencontrés au bord de l'eau,* se dit Ridicula en reculant lentement. La troll n'alla pas très loin, car son dos heurta quelque chose qui ressemblait à la pointe d'un couteau. Elle pivota sur ses talons et vit une créature identique à la première, à une différence près: celle-ci était recouverte d'écailles bleues. Convaincue que les deux bêtes allaient la réduire en miettes, Ridicula ramassa son gourdin.

Avant même qu'elle n'ait à se défendre, un cri perçant s'éleva du côté de la falaise. Les deux créatures étirèrent le cou pour écouter. Un second cri retentit, aussi effrayant que le premier, et les monstres déployèrent leurs larges ailes en agitant l'air. Ce souffle faillit faire tomber Ridicula dans l'eau, mais elle réussit à se maintenir debout sur le sol glissant.

Les volatiles sautillèrent le long du rocher en agitant leurs ailes immenses avant de finalement s'envoler gracieusement en décrivant une courbe à travers la brume. Heureusement que Ridicula regardait le ciel, car une autre forme monstrueuse fonçait sur elle. La troll eut à peine le temps de se coucher sur le ventre ; elle sentit les serres de l'animal ailé lui râper l'échine. Ridicula poussa un cri de douleur. Elle roula dans l'eau, et le liquide chaud calma ses blessures. Elle leva son gourdin pour se défendre, mais la sombre créature s'éleva rapidement dans les airs en croassant bruyamment. Deux cris lui répondirent au loin. Trempée jusqu'aux os, Ridicula chancela en regardant les trois bêtes disparaître dans la brume jaune qui collait à la falaise.

Si le trésor est là-haut, pas étonnant que personne ne l'ait trouvé, se dit-elle.

***

Dans le sombre tunnel, Bedono tentait de reprendre son souffle. Les deux ogres dégringolaient les marches, essayant d'arriver les premiers au fond du Gouffre. Ils couraient plus vite que les membres de la bande de Ridicula. Évidemment, ils n'avaient pas à combattre de vilains elfes, des limaces géantes, des armées de mille-pattes ou des serpents, ni à déjouer des pièges. Le passage ne recelait plus aucun danger.

Le troll avait remarqué des traces des boules de feu dont Styxus Rex s'était servi pour exterminer les bêtes sauvages. Il manquait quelques marches, mais tous les pièges étaient hors d'usage ou faciles à éviter. Bedono éprouva un brin de nostalgie en pensant au tunnel tel qu'ils l'avaient trouvé une semaine auparavant, sauvage et intact, telle une merveille de la nature. L'ancien passage secret portait les traces d'une lourde circulation.

Bedono prit une profonde respiration et courut derrière ses compagnons. Étant donné qu'il avait une torche, il n'était pas plongé dans l'obscurité, et il voulait vérifier ce que fabriquaient les deux timbrés. Il aimait l'endroit, mais ne voulait pas rester seul dans l'escalier hanté par un magicien diabolique et une mauvaise fée en cavale. Dans sa hâte,

Bedono heurta le mur et faillit échapper sa torche.

– Toi plus bouger ! siffla une voix dans le noir. Toi éteindre lampe.

Bedono baissa sa torche et aperçut le casque brillant du sergent Cranium. L'ogre fixait le jeune troll de son regard porcin et il éteignit rapidement sa torche en l'enfouissant dans un coin poussiéreux.

– Qu'y a-t-il ?

– Nous être très proches, chuchota le vieux guerrier. Toi sentir feu et graisse d'écureuil ? Nous sentir eux, mais eux pas sentir nous.

Tant mieux pour eux, se dit Bedono, qui, lui, pouvait nettement sentir l'odeur rance du sergent Cranium. Le troll toussa et demanda :

– Où est Gouge ?

Cranium grogna.

– Gouge être en avant, et voir combien eux être. Combien ogres toi avoir vus ?

– Deux, peut-être trois, répondit Bedono. C'est tout ce dont je me souviens.

– Moi savoir quatre ogres avec lui, dit Cranium en souriant de toutes ses dents. Deux en haut et deux en bas. Bien ! Nous prendre ogres par surprise et eux pas se défendre. Mais Styxus Rex, lui, être dur à cuire.

– Ne me dites pas ça, chuchota Bedono. Nous avons besoin d'un plan pour capturer Styxus Rex.

Bedono gratta la verrue sur son menton, tandis que le sergent Cranium se grattait le bol.

– Vous ai-je dit ce qu'il a fait ? grommela le troll. Non ? Il nous a envoyé un boulet !

Les yeux chassieux de Cranium s'agrandirent.

– Toi avoir boulet ?

– Non.

– Moi pas avoir non plus.

L'ogre réfléchissait, le front plissé.

– Ce n'est pas une bonne idée, de toute façon, marmonna Bedono.

Il songeait aux otages : faire cela équivaudrait à signer leur arrêt de mort. Il n'avait pas parlé de Sancou ni de Kronck aux ogres et il ne voulait pas le faire pour l'instant.

– Est-ce qu'un troll volant ferait l'affaire ? demanda-t-il.

Cranium fit grincer ses défenses.

– Toi avoir troll volant ?

– Oui… je pense.

– Le maître croire lui être Rollo, fit le guerrier en ricanant. Dans noir, lui croire nous être ogres. Alors, vous occuper ogres, prendre place eux et faire semblant vous pourchasser moi.

Bedono avait la gorge serrée. Il risquait de se faire assommer si Cranium et Gouge décidaient de se ranger du côté de Styxus Rex.

– Vous savez, ajouta Bedono, s'il met la main sur le trésor, il ne vous donnera rien.

Le sergent Cranium grogna :

– Si maître apprendre nous être au courant, lui étriper nous.

– C'est possible, soupira le jeune troll en frissonnant.

Quelques secondes plus tard, ils entendirent des pas traînants sur les marches. Le bruit venait d'en bas. Cranium leva son énorme gourdin. Il lança un cri de chauve-souris et un cri similaire lui répondit. Ils attendirent dans l'obscurité et Gouge leur rentra dedans.

– Rapport, ordonna Cranium.

– Il y a quelques-uns des nôtres, relata l'ogre robuste. Et si mon flair ne me trompe pas, il y a aussi deux trolls.

– Quoi trolls ? lança Cranium en foudroyant Bedono du regard. Pourquoi trolls être avec Styxus Rex ?

– Ce sont des prisonniers, avoua le jeune troll. C'est Kronck, le maître artisan des ponts, et Sancou, le père de Rollo. Je ne sais pas pourquoi, mais il les veut près de lui.

– Eux savoir où trouver trésor ? demanda le sergent Cranium, l'air méfiant.

– Non, s'empressa de répondre Bedono. Si nous les délivrons, ils s'enfuiront vers le sommet.

– Hum. Et où être sorcier ?

Gouge émit un grognement.

– Il est en bas... ou il est parti. Qu'est-ce qu'on fait ?

– Nous sortir trolls et nous délivrer trolls, expliqua le sergent. Troll vouloir voler vers Styxus Rex, lui faire grabuge, et nous poursuivre lui. Rex être distrait et nous assommer lui.

– C'est brillant, fit Gouge.

– Ça être idée à moi, mentit Cranium. Nous aimer faire surprises à maître, hein ?

– Cessez de bavarder et allons-y ! dit Bedono.

Il voulait agir pendant qu'il en avait le courage.

Collés l'un contre l'autre, les ogres glissèrent le long des marches et Bedono avança à pas de loup derrière eux. Il huma le fumet de la graisse d'écureuil et cela lui creusa l'appétit. Un peu plus tard, il distingua une flaque de lumière sur une des marches du bas et entendit les voix gutturales des ogres. Visiblement, ces derniers ne se doutaient de rien.

Cranium et Gouge ne perdirent pas de temps: en dévalant les marches, ils assommèrent leurs copains. Heureusement, les trolls prisonniers étaient ligotés et allongés sur les marches et ils purent échapper à la mêlée. Ils furent surpris que la bataille fût si brève. Bedono trancha les liens de Kronck et de Sancou.

– Courez vers le sommet, dit-il aux prisonniers. Ne vous arrêtez pas et ne vous retournez pas.

– Merci, râla Sancou en se redressant.

Bedono lui remit une bûche enflammée en guise de torche et les vieux trolls gravirent les marches.

– Qu'est-ce qui se passe là-haut? tonna une voix venant d'en bas.

C'était Styxus Rex!

Le sergent Cranium saisit Bedono par le collet et faillit le jeter en bas des marches. Le troll tenta de s'envoler mais il trébucha et déboula dans l'escalier.

– Le roi troll! cria le sergent Cranium en martelant les marches derrière lui.

Lorsqu'il atterrit, Bedono avait une grosse bosse sur la tête et il ne voyait rien. Il faisait plus noir que jamais, plus noir que dans le tunnel, plus noir que dans le cœur du sorcier.

Mais le troll entendait quelqu'un respirer tout près de lui et ce quelqu'un se mit à rire.

– Tu n'es pas Rollo, fit Styxus Rex avec dédain. Avec une boule de feu, je vais voir qui tu es.

L'escalier s'illumina soudain et la boule de feu fila tout droit en direction de la tête de Bedono !

CHAPITRE ONZE

QUI SÈME LE VENT RÉCOLTE LA TEMPÊTE

Pendant des heures, peut-être même pendant des jours, Chipie était demeurée accroupie au pied de l'escalier, attendant l'occasion de voler le couteau noir. La folle fée ne pouvait attaquer Styxus Rex de front. Le sorcier était trop agité. Elle devait attendre le bon moment.

Et le moment était venu.

Chipie entendit des éclats de voix, beaucoup de bruit, quelque chose qui déboulait dans les marches, et la voix du mage. Puis elle fut aveuglée par une explosion. Elle s'envola vers le haut des marches sans réfléchir à ce qu'elle faisait. En se déplaçant comme un rayon de lumière, la fée découvrit Styxus Rex qui tenait une boule de feu entre les mains et qui était sur le point de tuer un pauvre troll.

Une fois de plus, la fée ne prit pas le temps de réfléchir. Elle s'élança vers le mage, agrippa sa cape d'une main et, de l'autre, saisit le couteau qui pendait à sa taille. Décontenancé de la voir agir ainsi, Styxus Rex lança sa boule de feu. Le projectile dévia de sa course en décrivant une spirale et frappa les deux ogres.

– Espèce de sale petite chipie ! hurla le sorcier en s'appuyant contre le mur pour reprendre son équilibre.

Chipie tenta de retirer le précieux poignard de son fourreau et parvint à le soulever de quelques centimètres. Mais Styxus Rex émit un grondement féroce et la balaya d'un coup de griffe, tout en écartant ses mains du couteau. La fée poussa des cris perçants comme une sirène, croyant que tout était perdu.

Tout aurait été perdu si le troll n'avait pas réagi. La redoutable brute bondit sur Styxus Rex et lui enfonça le nez de son énorme poing. Un filet de sang rose éclaboussa Chipie, mais elle s'en moquait, cherchant toujours à prendre le couteau. En criant à fendre l'âme, le sorcier fit tournoyer ses bras afin de garder l'équilibre. Chipie en profita pour saisir le manche du couteau. Puis le troll donna au mage un autre coup de poing, en plein sur son menton couvert de verrues.

Le sorcier poussa un interminable hurlement et tomba à la renverse. Voyant que le fourreau était par terre, Chipie en retira le couteau et le serra contre elle. Elle sentit la force du mal traverser son petit corps.

– Tu es à moi maintenant, chuchota la fée.

Le troll s'aperçut enfin de sa présence. Il essaya d'atteindre une de ses ailes d'un coup de griffe, mais Chipie filait déjà loin de lui. En descendant l'escalier, elle survola le corps tout chiffonné de Styxus Rex, qui gémit en la voyant passer.

– Ne prends pas le couteau ! supplia-t-il. Tu vas le regretter ! Je t'en prie, Chipie, ne…

Il marmonna quelque chose, mais Chipie fit mine de l'ignorer. La fée était en extase et, tout en tenant son cher trophée, elle vola en direction de la lueur rouge qui brillait au fond du passage.

Bedono agita la main. Son poignet lui faisait drôlement mal après qu'il eut donné deux coups à Styxus Rex. Le sorcier avait la tête dure. Le troll sentit une drôle d'odeur. Il se retourna et aperçut les deux ogres, Cranium et Gouge, qui éteignaient leur fourrure en train de brûler. La boule de feu du sorcier avait atterri sur eux.

C'est le moment de déguerpir, se dit Bedono.

Et c'est ce qu'il fit.

– Hé ! cria le sergent Cranium, où toi aller ?

Bedono n'avait pas envie de s'arrêter ni de discuter avec les ogres, alors il dévala les marches. Il était heureux qu'il y ait assez de lumière et il put voir Styxus Rex gisant sur les marches comme un tas de chiffons. Le sorcier leva à peine les yeux lorsque le troll sauta par-dessus lui. Pendant un bref instant, Bedono sentit son cœur se serrer en voyant le sorcier brisé par l'émotion que lui avait causée la perte de l'objet qui lui était le plus cher.

Tout en courant, le troll cherchait la perfide fée, mais il ne vit Chipie nulle part. Elle s'était contentée de filer, comme lui. Ils avaient réussi chacun de leur côté. Il avait libéré les otages et elle avait volé le couteau ensorcelé. Il ne lui restait plus qu'à s'échapper.

Bedono se mit à courir plus vite en apercevant la faible lumière au fond du tunnel. Il tenta de voler et s'éleva au-dessus des marches. Un souffle de chaleur heurta le troll quand il sortit enfin dans l'épaisse brume provenant de la rivière bouillonnante de feu. Il espérait retrouver ses camarades à la sortie, mais il ne vit personne.

Bedono entendit les hurlements de colère des ogres derrière lui et chercha des pistes dans le sable crasseux. Voyant qu'il y en avait dans les deux directions, il en choisit une et se mit à courir. Cranium et Gouge allaient sans doute le pourchasser, car les ogres n'aiment pas que les trolls leur racontent des mensonges à propos d'un trésor.

***

Rollo marchait péniblement le long du sommet du Gouffre, faisant de gros efforts pour garder les yeux ouverts et continuer d'avancer. Il tenait fermement la belle tasse dorée à deux anses entre ses mains, qui cachait en réalité l'esprit d'une pierre. Il avait marché toute la journée et toute la nuit, tentant de trouver le passage qui conduisait au fond du Gouffre. Toutefois, il constata qu'il était encore très loin du but. Même s'il pouvait voler, il n'y parviendrait pas avant une semaine.

Une nouvelle journée commençait, et le soleil se lèverait au-dessus des arbres décharnés qui croissaient de l'autre côté du Gouffre. Rollo jeta un coup d'œil par-dessus son épaule, cherchant à voir si la bête volante n'était pas dans le ciel gris. Il doutait que le dragon l'eût survolé au cours de la nuit, bien que ce fût possible. Rollo se dit qu'il aurait senti la présence du dragon, ou qu'il aurait entendu le battement de ses larges ailes dans le vent.

Se sentant seul et inquiet, le troll aurait voulu utiliser la pierre ensorcelée pour parler à la mère enchanteresse. Mais les elfes dormaient à cette heure-ci et Mélinda était fatiguée. Il creusa le sol à la recherche de larves et mangea quelques mûres. Après son petit-déjeuner, il se remit en route.

Le soleil se leva et la chaleur dorée réchauffa son corps fatigué. Le troll se sentit ragaillardi. Il regarda derrière lui, mais le ciel était vide et il n'aperçut que des petits nuages rose saumon. Rollo y vit défiler ses parents, Ridicula, Pouillane, Bedono, le Morne Marais, les trolls et les ogres. Tous lui souriaient et semblaient heureux. Et il y avait une grande fête !

Il ne savait pas d'où lui venait cette vision, mais son cœur se réjouit pendant qu'il cheminait au bord de l'immense canyon.

***

Chipie voulait garder le couteau pour elle seule. Mais que pouvait faire une fée avec un couteau ensorcelé ? *Je peux à peine le transporter, je risque de le laisser échapper et je n'ai pas une tonne de corps à ranimer.* Néanmoins, il était flatteur de posséder un poignard maléfique aux pouvoirs redoutables.

En volant à travers les nuages de fumée fétide du canyon, la fée entendit une voix dans sa tête.

– Viens par ici, à droite, de l'autre côté de la rivière, lui ordonna la voix.

– Pourquoi devrais-je vous apporter le couteau ? cria Chipie. Qu'est-ce que vous avez fait pour moi ? C'est mon vilain couteau à moi !

– Non, je l'ai créé, dit la voix, tout comme j'ai créé le canyon. J'aurais dû me douter que Styxus Rex nous tuerait tous pour l'avoir en sa possession.

– Vous tous ? demanda la fée. Qui êtes-vous ? Un fantôme ?

– Approche et tu verras, répondit la voix. Je suis de l'autre côté de la coulée de lave, sur la plage de sable rouge.

Chipie sentit le couteau frémir, comme s'il était attiré, lui aussi.

– Il est à moi, déclara-t-elle, alors pourquoi ne puis-je pas le donner à qui je veux ?

Serrant le poignard entre ses bras, la fée fila au-dessus de la coulée de lave. Elle aperçut la mince silhouette encapuchonnée à travers la brume jaune : c'était le type qui s'amusait avec les trolls. Chipie commençait à aimer les trolls. Ils se comportaient comme des bouffons et ils étaient de précieux alliés.

Le mage était debout sur une butte de sable rouge, et il l'attendait comme s'il avait été certain qu'elle viendrait. Chipie voleta près de lui et tenta de voir ses yeux sous le capuchon. Elle vit un menton ratatiné, un nez retroussé et d'intenses yeux noirs.

– Le moment est venu de répondre à mes questions, lança-t-elle. Êtes-vous un elfe ? Un spectre ? Et que voulez-vous dire quand vous affirmez que Styxus Rex vous a tous tués ?

– Il n'a pas réussi, mais il a essayé de le faire, précisa le personnage. Je suis Batmole, un ancien sorcier de Bois-Joli.

– J'ai entendu parler de vous, fit Chipie avec admiration, Vous avez créé le Gouffre. Beau travail !

– Pour être plus précis, j'ai créé un tremblement de terre, un volcan et un déluge, répliqua Batmole. Je suis un sorcier qui joue avec les éléments, vois-tu. Mais cela m'a pris toutes mes forces et j'ai dû dormir dans une cachette durant un an après cela. Pendant ce temps, le trésor du vieux roi s'est perdu et les sorciers ont envahi Bois-Joli. Durant mon sommeil, Styxus Rex les a tous empoisonnés et tout le monde a cru que j'étais mort, moi aussi.

Le mage rigolait.

– Évidemment, tu es déjà morte, toi aussi, Chipie, alors tu sais que ce n'est pas désagréable. On n'a pas beaucoup de devoirs quand on est mort. Lorsque je me suis réveillé, j'étais affaibli et je n'allais certes pas essayer de me venger de Styxus Rex. Pour la bonne raison que si je l'emportais sur lui, je devrais diriger Bois-Joli. Et ce poste ne m'intéressait guère.

Il toussa légèrement à cause d'une nuée toxique.

– Pendant mille ans, j'ai vécu retiré dans ma cachette au bout du Gouffre à faire des expériences et à recycler mes pouvoirs. Je ne croyais pas qu'un jour je devrais me mêler des affaires de ce monde jusqu'à ce que ces deux trolls me tombent sous les griffes.

– Les trolls sont drôles, n'est-ce pas ? dit Chipie d'un air amusé.

– Ils mangent beaucoup ! répondit Batmole. Lorsqu'ils ont parlé du couteau et du trésor des trolls, ils ont piqué ma curiosité. Alors, nous voici. J'ai besoin du joujou que tu tiens entre les mains pour affaiblir Styxus Rex.

– Oh, ça ! fit Chipie, hilare, en levant le précieux poignard. Mais il m'appartient, Batmou !

– Batmole, corrigea-t-il.

Le couteau devint soudain très pesant dans les bras de Chipie et elle faillit le laisser échapper. Battant des ailes frénétiquement, elle essaya de s'élever dans les airs, mais l'arme devint quatre fois plus lourde. Le poignard menaçait de la faire chavirer ! La fée ne pouvait voler à reculons : elle était juste au-dessus de la coulée de lave. Le mage avait prévu le coup en l'attirant de ce côté.

D'un geste brusque, Batmole voulut s'emparer du poignard et Chipie n'eut que la force nécessaire pour voler au-dessus de la lave, ne sachant pas du tout où s'enfuir. L'effet de la vapeur, de la brume et le poids du couteau ayant raison d'elle, elle relâcha son étreinte et le couteau lui glissa des bras.

– Non ! hurla-t-elle.

– Non ! cria Batmole.

Chipie vola vers le couteau tandis que le mage jetait un sort, et l'arme resta suspendue dans les airs… à quelques centimètres au-dessus de la lave brûlante. Craignant qu'il ne remporte le trophée, la fée lança un sort à son tour. Batmole pencha la tête et éternua bruyamment.

Aussitôt, le couteau noir tomba dans les flammes et se consuma dans la matière en fusion. En quelques secondes, il devint une flaque noire et visqueuse sur la coulée. Le mage et la fée gémirent en chœur. Chipie était tellement bouleversée qu'elle fila droit dans les airs. Elle ne se souvenait plus de rien, seulement qu'elle venait de perdre quelque chose de rare.

***

Bedono s'écrasa si fort au milieu des ronces, qu'il en eut les flancs couverts de bardanes et d'épines. Des lianes affamées le fouettaient, mais il s'en moquait. Il était convaincu que les ogres costauds étaient à ses trousses. Il entendait du bruit derrière lui, ignorant que ce n'était que son propre souffle et son estomac qui grognait.

Le troll épuisé tituba jusqu'à un rocher et s'appuya dessus, heureux de trouver un endroit où il n'y avait pas de ronces. Il tendit l'oreille, écoutant attentivement afin de savoir si les ogres étaient vraiment à sa poursuite. Il n'entendit que des pleurs étouffés. Il s'accroupit, certain qu'il y avait quelqu'un au-dessus de lui sur le rocher. Les pleurs se transformèrent en gros sanglots.

Il était rare de voir un ogre pleurer. Pourtant Cranium et Gouge ne l'avaient pas dépassé. Alors, Bedono étira le cou pour voir qui était perché sur le rocher. Il aperçut une silhouette voûtée vêtue de noir, qui pleurait à chaudes larmes en se tenant la tête entre les mains.

C'était Styxus Rex.

Bedono se cacha de nouveau, ne voulant pas être tué par une boule de feu, mais le maigre sorcier agita la main.

– Ne crains rien, petit troll, je ne te ferai pas de mal.

Le troll regarda les pieds de Styxus Rex qui pendaient devant ses yeux.

– Vous êtes sûr que vous ne me ferez pas de mal ?

– Ab-so-lu-ment certain, bégaya le mage à travers ses sanglots. Je ne te ferai plus jamais de mal et je te demande pardon de t'avoir maltraité par le passé.

– Êtes-vous vraiment Styxus Rex ?

– J'ai honte de l'avouer, dit le sorcier, mais c'est moi-même en personne. Et toi, tu es celui qui m'a assommé dans le tunnel.

Bedono rit avec nervosité.

– Ouais. J'espère que vous ne m'en voulez pas.

Le mage hocha la tête d'un air compréhensif.

– Bien sûr que non. Tu voulais tout simplement libérer tes amis. Je te comprends.

– Est-ce que ça va mieux? demanda Bedono.

Le vieux sorcier avait le visage plissé. Il souriait.

– Non, je me sens souffrant. Merci de me poser la question.

Il remua la tête comme s'il cherchait à se souvenir de quelque chose d'important.

– J'éprouve des remords pour tous les mauvais traitements que je vous ai infligés, à toi et à tes amis. J'espère que vous me pardonnerez.

– Vous ne voulez plus envahir Bois-Joli et faire de nous vos esclaves !

– Ciel, non ! s'écria le sorcier au teint cadavéreux, visiblement choqué. Les citoyens de Bois-Joli n'ont-ils pas déjà choisi leur chef? Ils veulent Rollo, pas moi. Et nous devons aider Rollo à trouver le trésor des trolls.

– Vous ne vous sentez vraiment pas bien, n'est-ce pas? fit le petit troll. Ou est-ce que vous me jouez la comédie?

– La comédie? répéta Styxus Rex en fondant en larmes. Ça me brise le cœur d'entendre ça ! Crois-moi, je ne veux que vous aider. Veux-tu que je t'en donne la preuve?

– Bonne idée, répondit Bedono.

– Eh bien, je peux arrêter ces deux ogres qui sont sur le point de sortir du bois et qui veulent te réduire en miettes.

– Ça ne serait pas mal ! s'exclama le troll.

Bedono pivota sur lui-même. À ce moment précis, le sergent Cranium et son serviteur Gouge surgirent des buissons en agitant leurs gourdins et en hurlant de colère.

Styxus Rex lança calmement une boule de feu et elle fila droit sur les ogres stupéfaits. Leurs yeux s'agrandirent dans leurs visages noircis. La boule de feu explosa autour d'eux, embrasant toutes les plantes qui se trouvaient dans un rayon de trois mètres. Hurlant de douleur, leur toison en feu, les deux ogres s'éloignèrent en sautillant.

– Hum, je n'ai jamais réussi à envoyer une boule en ligne droite avant celle-ci. C'est intéressant.

Bedono se dit qu'il ne devait pas croire le vieux mage, mais il fallait reconnaître qu'il avait été plutôt gentil. Ce n'était pas le Styxus Rex qui avait trollnappé la moitié du village pour faire construire son pont. Le magicien avait changé.

– Comment êtes-vous arrivé jusqu'ici ? demanda Bedono en reculant vers le rocher.

– Je peux encore voler, répliqua le sorcier. Je suis attristé par toutes les vilaines choses que j'ai commises, mais je n'ai plus peur. Je suis prêt à tout recommencer à zéro. Veux-tu retrouver tes compagnons ?

– Oui, oui ! s'écria Bedono en bondissant de joie. Savez-vous où ils sont ?

Styxus Rex fit un signe affirmatif et tendit la main vers l'autre côté de la rivière de lave.

– Ils sont de ce côté-là, près du trésor. Tu peux encore voler, n'est-ce pas ?

Bedono sentit sa gorge se nouer.

– Je pense que oui.

– Alors, viens avec moi.

Le sorcier se redressa de toute sa taille et s'élança du rocher. Il flotta et atterrit gracieusement en face du troll en lui adressant un sourire chaleureux. Bedono vit que même ses verrues poilues lui donnaient un petit air amical.

– Tu dois me faire confiance maintenant. Savais-tu que j'ai du sang de troll ?

– Non, répondit Bedono, surpris.

Il devait s'agir d'une cruelle plaisanterie, songea le troll. *Jamais Styxus Rex n'eut admis la chose, si elle avait été vraie.*

– C'est vrai, dit Styxus Rex, l'air nostalgique. Nous sommes peut-être de la même famille. Comment t'appelles-tu ?

– Bedono.

Le mage secoua la tête.

– Je ne me souviens pas qu'il y ait eu des Bedono dans ma famille, mais tu peux quand même me faire confiance. Je crois que c'est une bonne idée de traverser la coulée de lave, parce que le sergent Cranium va revenir à la charge dès qu'il aura éteint le feu qui lui brûle le dos.

– Oui, allons-y, lança Bedono en jetant un regard inquiet derrière lui.

Comme un père, le vieux passa son bras autour des épaules de Bedono.

– N'aie pas peur, Bedono, ton oncle Styxus Rex est là pour te protéger.

Bedono fit de gros efforts pour ne pas reculer en sentant sur sa peau les doigts répugnants du mage qui lui souriait d'un air mielleux. C'était presque trop beau. Avant qu'il ne puisse y réfléchir davantage, ses pieds quittèrent le sol et ils s'envolèrent tous les deux au-dessus de la lave bouillante.

***

– Rollo, dit la tasse dorée entre les mains du troll, où sommes-nous ?

– Bonjour, Mélinda, répondit Rollo. Nous sommes encore en train de marcher.

Il trouvait ça drôle, de parler à une tasse d'or, et il dut se rappeler que la mère enchanteresse utilisait cette porcelaine pour communiquer avec lui. Il s'arrêta pour essuyer la sueur qui coulait de ses épais sourcils. Le soleil s'élevait au-dessus de sa tête et la lumière atteindrait bientôt les zones profondes du canyon. Il faisait chaud sur le bord du Gouffre que le troll arpentait jour et nuit.

Rollo promit.

– Je ne sais pas si nous allons parvenir jusqu'à Bois-Joli, mais nous allons essayer.

– Quelque chose d'étrange se passe dans le gouffre, dit la voix de la vieille elfe. Je le sens. Sais-tu ce qu'est devenu le couteau noir ?

Rollo haussa les épaules.

– La dernière fois que je l'ai vu, il était entre les mains de Styxus Rex qui refusait de s'en séparer.

– Mais il s'en est séparé, répliqua Mélinda. Ou il lui est arrivé quelque chose. Je le sens très fort.

Rollo frissonna en entendant ces mauvaises nouvelles au sujet du couteau noir. Il songea à cet étrange ermite qui vivait dans la hutte, celui qui les avait capturés. Il éprouvait du chagrin en pensant à son ami Bedono, qui avait peut-être été changé en fumée. Il lui sembla que personne n'allait sortir vivant du Gouffre.

La tasse paraissait ronfler au creux de ses mains. Mélinda s'était sans doute endormie. L'elfe était très âgée et c'était l'état de siège chez elle ; Rollo savait qu'il ne pouvait espérer grand-chose de sa part. Soudain, il entendit un rugissement au loin dans le ciel.

Le troll se retourna et vit de monstrueuses ailes qui s'agitaient dans l'éblouissant soleil de midi. Une bête venait vers lui. Il leva la tasse au-dessus de sa tête pour capter la lumière. Le rayon l'aveugla et il espéra que le signal brille aussi dans le ciel.

Le dragon était encore assez loin et Rollo inclina le trophée pour attirer son attention. Debout au bord du gouffre, en plein désert, il se dit que le monstre le verrait. Lorsque le dragon tourna la tête vers lui, Rollo retint son souffle, devinant qu'il allait faire un vol excitant. Il serrait les anses de la tasse.

Quelques secondes plus tard, les larges ailes, la tête d'aigle, les écailles de bronze et les serres monstrueuses emplirent le ciel. Le troll manqua d'être renversé par le vent que produisaient les ailes du dragon et il craignit que le bec énorme ne se referme sur lui.

La créature ralentit dans l'espoir de s'emparer de la tasse et faillit l'arracher des mains de Rollo. Tenant à peine une des anses, le troll s'élança dans les airs comme un geyser. Il serra plus fort la tasse tout en essayant de trouver une position plus confortable entre les griffes du dragon.

Ils allaient dans la bonne direction, et Rollo aurait peut-être la chance de rentrer chez lui et de retrouver Ridicula, sa famille, ses amis, sans oublier ses ennemis.

Il n'y avait qu'un problème : s'il ne pouvait pas voler, comment allait-il descendre de là ?

CHAPITRE DOUZE

DES LAMBEAUX DE RICHESSE

Verna se laissa glisser prudemment le long de la corde après voir planté le dernier piton. Ridicula, qui tenait la corde pour l'ogresse, jetait des coups d'œil inquiets au fond du Gouffre. Les rayons de soleil se déversaient le long de la falaise, comme de la peinture coulant le long d'un mur.

Mouchi était premier de cordée. Il attendait de planter un autre piton qui servirait à assurer leurs cordes. Armés de gourdins, Pouillane et le capitaiàne Masticor montaient la garde. Ils surveillaient les elfes. Les membres de la bande voulaient gravir la falaise escarpée et trouver l'étroite corniche dont la carte faisait mention. Dellor avait dit qu'ils pourraient apercevoir le trésor de là. C'était bien, car ils ne pouvaient certes pas le voir d'en bas.

Tout cela avait pris plus de temps que prévu et Ridicula était certaine que les elfes les rattraperaient bientôt. Elle sentait leur présence dans l'obscurité; ils étaient certainement en train de les épier. La troll désirait escalader la paroi avant que la lumière ne remplisse le canyon et ne les transforme en cibles faciles pour les archers qui se servaient de flèches empoisonnées. Elle se souvint des étranges créatures ailées qu'elle avait rencontrées au bord du bassin.

– Dépêche-toi! chuchota-t-elle à Verna.

L'ogresse descendit de plusieurs mètres et faillit atterrir sur Ridicula.

– Est-ce assez rapide pour toi? marmonna-t-elle.

La troll secoua les épaules et recula.

– L'as-tu vue? La corniche?

– Oui. Mouchi y est presque, répondit Verna à voix basse. Ce rocher fait le difficile, il est dur d'y enfoncer des pitons. Mais il supporte mon poids.

Le capitaine Masticor regarda d'un air interrogateur les minces cordes qui pendaient le long de la falaise escarpée.

– Devons-nous tous grimper là-haut? demanda-t-il. Est-ce que certains d'entre nous ne pourraient pas rester ici à surveiller les environs?

– Les elfes seront plus nombreux que vous, répliqua Ridicula.

– Eh bien, nous nous placerons en position d'attaque, plus haut, assura l'ogre. Nous nous servirons du bassin comme zone de tampon. Ridicula, comment vas-tu descendre de là si les elfes vous épinglent avec des flèches? Nous ne savons même pas si le trésor est vraiment là-haut.

Ridicula voulut invoquer le fait que Dellor avait dessiné une carte, mais cela ne prouvait en rien que ladite carte disait vrai. Elle savait seulement que Dellor et ses camarades étaient là, tapis dans les bois et à l'abri dans la brume, attendant l'occasion de s'emparer du trésor.

– Tu as raison, dit-elle à Masticor. Toi et Pouillane, vous resterez ici et vous vous cacherez dans le bassin.

Soudain, la corde se mit à danser et Verna s'en empara.

– C'est le signal. Mouchi a atteint la corniche, expliqua-t-elle. Nous devons y aller avant que le soleil descende.

– Grouillez-vous, ordonna Ridicula.

Verna saisit la corde, escalada la paroi et disparut bientôt dans la brume rougeâtre au-dessus de ses compagnons. Ridicula espérait seulement pouvoir grimper aussi facilement que l'agile ogresse. Lorsque le câble vibra de nouveau, elle s'en empara et le tira d'un coup sec. S'il fallait qu'il se brise, il valait mieux qu'il le fasse tout de suite. En grognant, Ridicula hissa son gros popotin. Avant de se lancer dans cette terrible aventure, elle avait été l'enfant gâté du Morne Marais et, à l'époque, elle n'aurait jamais pu faire cette escalade. Maintenant elle s'efforçait de se convaincre qu'elle était capable de monter le plus haut possible, comme elle avait convaincu ses camarades qu'ils étaient capables de sauver Rollo.

En grognant et en rugissant, Ridicula s'éleva suffisamment pour que Verna la tire jusqu'à l'étroite corniche. Son cœur ne fit qu'un tour. La carte de Dellor disait vrai! Collés contre la paroi de la falaise, Verna et Mouchi regardaient par-dessus le bord. C'était une longue chute dans les fumerolles rouges et la matière brûlante. Tous trois avaient les yeux levés, cherchant à voir si le trésor se trouvait sur l'autre corniche.

Ridicula ne vit qu'une branche d'arbre, ou une racine, croissant sur le côté de la falaise. Au bout de la branche, se trouvait quelque chose qui ressemblait à un nid de frelons. Mais comme il était placé très haut, il était difficile d'évaluer sa grosseur.

– Est-ce plein d'abeilles? demanda Verna avec nervosité. Je déteste les abeilles. Leurs dards restent pris entre les dents.

– Je sais, répondit Ridicula.

Elle non plus n'était pas friande d'abeilles vivantes.

– Mais lorsque tu les attrapes quand il pleut et qu'il fait froid, elles sont molles et…

– Allez-vous vous taire! lança Mouchi. Le soleil descend dans le canyon.

En effet, le soleil dardait ses rayons dans la sombre et humide gorge, y déversant des flots de couleurs vives. Les plantes dépliaient leurs feuilles, leurs bourgeons s'épanouissaient, et elles n'avaient plus l'air de tristes mauvaises herbes. Puis le soleil frappa le nid de frelons, et Ridicula, Pouillane et Verna poussèrent une exclamation de surprise.

Aussitôt que les rayons du soleil l'effleurèrent, l'énorme nid se transforma en un amas scintillant de vaisselle et de pièces d'or, de diamants brillant de mille feux, de couronnes incrustées de pierres précieuses et de colliers de perles. L'énorme trésor se profilait au loin, mais l'or chatoyait comme si Ridicula le tenait déjà entre ses mains. Les objets étincelaient comme des lucioles au crépuscule.

En contemplant toutes ces merveilles, Ridicula comprit que le nid avait été construit et reconstruit avec de la salive et des objets trouvés au cours des siècles passés. Maintenant, c'était le plus gros trésor du monde, aussi enchevêtré que les poils d'un ogre. La troll vit aussi le vieil arbre qui supportait la branche et le nid. Il poussait sur une autre corniche, à environ quinze mètres plus haut.

Le butin était bien gardé. Les reptiles ailés allaient et venaient dans le nid. Les minces créatures étaient de la taille des trolls, et Ridicula reconnut les êtres qu'elle avait rencontrés près du bassin.

Mouchi déglutit.

– Est-ce que ces choses sont ce que je pense qu'elles sont ?

– Des dragons, souffla Ridicula. Je les ai vus hier soir.

– Ne sont-ils pas un peu petits pour des dragons ? demanda Pouillane.

– Il y en a peut-être qui sont plus gros, répondit Ridicula en jetant des regards inquiets autour d'elle.

Verna soupira.

– Voilà pourquoi les elfes ne pouvaient atteindre le trésor. Comment pourrons-nous le ramener ? Si nous le laissons échapper, il tombera dans la lave.

– Et cela, c'est à condition que nous parvenions là-haut sans troll volant, ajouta Mouchi.

– Nous manquons de trolls volants, murmura Verna.

Ils passèrent encore quelques minutes à s'émerveiller.

– C'est extraordinaire. C'est presque trop fantastique pour le voler, si vous voyez ce que je veux dire, fit Mouchi.

Ridicula et Verna l'approuvèrent d'un signe de tête, parce qu'elles comprenaient le gnome. Le trésor était la maison des petits dragons et c'était très beau ainsi. Il ne fallait pas les déranger.

– Styxus Rex n'aura pas de difficulté à le dérober, assura Verna. Il ne se souciera pas de ces petits dragons. En plus, il peut voler, lui.

– Alors, devons-nous retourner le voir et lui raconter tout ça? lança Ridicula, tout à coup découragée.

Un grand oiseau passa au-dessus d'eux. *Il épie probablement les elfes,* se dit la troll. Immédiatement, les dragons affamés se précipitèrent sur l'oiseau et le déchiquetèrent. Une fine pluie de plumes s'envola et tomba doucement sur la lave en pétillant.

Les créatures volantes attrapaient aussi des lézards sur la paroi rocheuse et les mangeaient. Elles s'abreuvaient à une source qui coulait près de l'arbre et épiaient les visiteurs de loin.

Soudain, le rideau tomba lorsque le soleil disparut, et Ridicula et ses amis furent de nouveau plongés dans l'obscurité rougeâtre. Une fois de plus, le trésor n'était qu'un vulgaire bloc gris, perché sur une branche d'arbre.

– C'était magnifique ! s'exclama Mouchi. Mais il pourrait aussi bien être sur la lune.

Verna s'inclina et s'excusa auprès de Ridicula.

– Ton elfe avait dit la vérité.

– Il aurait été plus sage de mentir, marmonna la troll. Comment allons-nous atteindre ce trésor ? Même si nous l'atteignons, comment allons-nous l'apporter à la maison ? Je sais que je me répète… mais ne devrions-nous, pas rebrousser chemin pour aller tout raconter à Styxus Rex, et en finir une fois pour toutes ?

– Je ne sais pas, répondit Verna. Chose certaine, nous devons nous hâter. Regarde en bas.

L'ogresse pointa le doigt vers le fond du gouffre. Des elfes rôdaient entre les buissons, encerclant le capitaine Masticor et Pouillane. Ces derniers ne voyaient pas la menace qui planait sur eux.

– Verna, peux-tu tirer une flèche d'aussi loin ?

L'ogresse banda son arc.

– Je le peux, mais je ne sais pas si je peux viser juste.

– Essaie de protéger nos amis, dit Ridicula.

La troll s'agenouilla et saisit la corde.

– Où vas-tu ? demanda Mouchi.

– Parler à Dellor et aux elfes.

Ridicula se balança pour s'éloigner de la corniche et se laissa glisser prudemment le long de la corde. À mi-chemin, une brise frôla les fesses de la troll et cette dernière vit, en tournant la tête, la fée Chipie qui voletait à côté d'elle.

Oh non ! Cette stupide fée va me chatouiller ou me faire éternuer ! pensa Ridicula.

– Va-t'en ! supplia-t-elle. Ne me tourmente pas !

– Non, je ne te ferai aucun mal, certifia la fée d'une petite voix chagrine. Je veux dire : je suppose que je t'ai fait du mal avant, mais je ne me sens plus comme ça désormais.

– Que veux-tu dire par là ? fit la troll.

– Quelque chose a changé à l'intérieur de moi, dit la fée d'un air émerveillé. Depuis que le couteau a fondu dans la lave, je n'arrive pas à me souvenir de qui j'étais jadis. J'ai volé, volé jusqu'en haut du Gouffre. Tu sais, j'étais presque rendue au sommet avant de me souvenir de qui j'étais.

Les yeux de la fée brillaient d'émotion.

– J'étais morte !

– Mais tu n'as pas eu la décence de rester morte, répliqua Ridicula.

Chipie hocha la tête.

– Je sais ! C'est un couteau ensorcelé qui m'a redonné la vie, mais il a été détruit !

– Vraiment ?

Ridicula descendit une patte après l'autre, en tentant de regagner le sol. Aussi longtemps que la fée parlait, la troll avait une chance d'arriver en vie.

– Tu ne seras pas vexée si je pense que tu me joues un autre de tes sales tours ?

– Ridicula, je ne suis plus un démon ! insista la délicate fée. Le couteau était diabolique, mais je suis redevenue une bonne fée dès qu'il a été détruit. Est-ce que tu comprends ?

– Je crois que oui, répondit Ridicula sans paraître convaincue.

– Où est Rollo ? demanda Chipie.

Cette question brisa le cœur de la troll.

– Je ne sais pas. Il s'est envolé vers..., dit-elle. Elle préféra ne pas terminer sa phrase.

– Nous avons besoin de lui !

– Je ne peux pas le nier, dit Ridicula.

Avec soulagement, elle se laissa tomber sur le sol. Elle sortit son gourdin de son sac à dos et s'apprêtait à assommer la fée… mais celle-ci avait disparu. Ridicula se frotta les yeux, se demandant si elle avait rêvé. Était-il possible que Chipie ne soit plus une vilaine fée ?

– Pssst ! siffla une voix. Par ici !

La troll se retourna et vit le capitaine Masticor qui lui faisait signe, caché derrière un rocher de l'autre côté du bassin. Jetant un coup d'œil rapide autour d'elle, Ridicula se hâta d'aller le rejoindre.

– Il y a des elfes qui vous cernent, chuchota-t-elle.

– Je les sens, murmura l'ogre. L'as-tu vu ? As-tu vu le trésor ?

Ridicula secoua la tête d'un air sombre.

– C'est vrai, il existe. Mais les elfes avaient raison, il faudrait un miracle pour le tirer de là. Il est tout enchevêtré dans le nid du dragon et juché sur un arbre qui pousse sur la falaise.

– Ouais, fit une autre voix dans l'obscurité.

C'était Pouillane.

– Alors, qu'est-ce que nous allons faire ?

– Je vais en parler avec Dellor.

Ridicula secoua la tête.

– Si nous travaillons ensemble…

Sans prévenir, un filet tomba sur elle, enveloppant en même temps le capitaine Masticor.

Puis des ordres brusques furent lancés et les elfes les entourèrent en pointant leurs arcs vers eux. Fulminant, Masticor se mit à crier, mais ne put rien faire de plus. Ridicula chercha Pouillane du regard. En vain. *J'espère qu'elle s'est échappée,* pensa-t-elle.

Il était difficile de rester debout, particulièrement à côté de Masticor qui se démenait, et Ridicula ne voulait pas que les elfes tirent sur eux.

– Assois-toi, ordonna-t-elle au gros ogre en s'accroupissant sur le sol. Détends-toi. Nous voulions leur parler, de toute façon.

L'ogre marmonna quelques injures à l'endroit de ses ravisseurs, puis il laissa tomber son gourdin et s'assit par terre.

– Voilà qui est bien, lança Dellor.

L'elfe avança d'un pas dans la lumière rougeâtre; il n'avait plus le sourire charmant qu'il arborait auparavant.

– Promettez-vous de ne pas vous battre contre nous?

– Je venais justement à ta rencontre, répondit Ridicula. Tu n'avais pas besoin de faire ça. J'ai vu le trésor en plein soleil.

Dellor rouspéta:

– Pourquoi nous avez-vous tendu ces pièges?

Elle haussa les épaules.

– Pourquoi nous avez-vous tendu des pièges dans le tunnel? Pourquoi as-tu envoyé des espions nous surveiller? Tu n'as pas confiance en nous et nous n'avons pas confiance en vous. Mais ce n'est pas grave, parce que personne n'aura le trésor.

– Baissez vos armes, cria Dellor en faisant un signe aux elfes, qui obéirent à contrecœur. Vous l'aurez, car vous avez des ogres, des trolls et des sorciers qui volent. Nous n'avons que de faibles fées.

– Nous n'avons plus ni trolls ni ogres qui volent, répliqua Ridicula avec tristesse. Et Styxus Rex n'est pas vraiment de notre côté.

– Fais-nous sortir de là, espèce de souffleur de cornemuse! rugit le capitaine Masticor en brandissant le poing. Des flèches empoisonnées, des filets, des pièges! Les elfes n'ont rien dans le ventre!

– Chut! fit Ridicula. Cela n'arrangera rien.

Dellor fronça les sourcils.

– Je vous ai dit la vérité au sujet du trésor. Vous vouliez tout savoir et maintenant vous savez tout. Le trésor est sur votre territoire, alors toi et tes sales copains, vous pouvez partir!

Ridicula sentit les poils de sa nuque se hérisser en entendant cela.

– Je ne pense pas que tu saches où est ma bande. Jusqu'à ce que nous vainquions Styxus Rex, nous chercherons ce trésor sans relâche.

Elle espérait que Verna et Mouchi avaient eu l'idée de retirer la corde en s'apercevant qu'ils avaient été capturés, Masticor et elle.

– Vous détestez le mage à ce point ? demanda Dellor en se frottant le menton. Si nous sommes éliminés de la course, allez-vous nous laisser tranquilles ?

– Oui, répondit Ridicula. La raison pour laquelle nous sommes encore au fond de cette gorge puante, c'est que Styxus Rex ne nous laissera pas partir tant que nous ne lui aurons pas remis le trésor.

Masticor grogna :

– Et encore là, il tenterait ensuite de nous abuser.

– À quoi peuvent nous servir des gobelets d'or et des couronnes de diamants ? lança Ridicula. Nous sommes des trolls et des ogres, pas des elfes. De bonnes provisions de larves et de champignons, voilà ce que serait un véritable trésor.

– Parle pour toi-même, rétorqua Masticor. Je serais beau avec une couronne de diamants.

En entendant cette remarque, Dellor ne put s'empêcher de sourire.

– Relâchez-les, dit-il à ses mignons amis.

Les elfes n'obéirent pas tout de suite et certains d'entre eux levèrent leurs arcs. Dellor jeta un regard furieux à ses soldats et ils se mirent à libérer les prisonniers et à les aider à sortir des filets.

Ridicula venait à peine de se relever quand un hurlement de fureur s'éleva de la brume. Deux ogres enragés fonçaient sur les elfes en les frappant de gauche et de droite. Ils les assommaient les uns après les autres, mais les elfes étaient nombreux et ils se défendaient. Ridicula alla se cacher plus loin. Le capitaine Masticor saisit son gourdin et se jeta dans la mêlée.

Ridicula ne connaissait pas ces deux ogres. Ils étaient tous les deux brûlés de la tête aux pieds, et l'un d'eux était coiffé d'un bol en métal. Les elfes n'osaient utiliser leurs arcs, craignant de blesser un des leurs. Et les ogres étaient en train de gagner la bataille.

La troll gronda de colère. Ces importuns avaient surgi au moment idéal pour déclencher la guerre entre Crachoutos et Bois-Joli... une fois de plus !

CHAPITRE TREIZE

LE NID DU DRAGON

Bedono et Styxus Rex, perchés sur un rocher, observaient la bataille qui se déroulait entre les ogres et les elfes. Les ogres, moins nombreux que les elfes, avaient pris ceux-ci par surprise au moment même où les elfes s'apprêtaient à relâcher leurs prisonniers. C'était du moins ce qu'avait cru voir Bedono dans l'ombre rouge et la brume tourbillonnante. Il entendait nettement les grognements, les rugissements et les coups qui fusaient de part et d'autre.

– Devons-nous les aider? s'interrogea-t-il à haute voix.

Cette idée fit frissonner Styxus Rex.

– Je ne sais pas. Ils ont l'air tellement violents. Et qui devrions-nous aider?

Bedono haussa les épaules.

– Les deux clans!

Le vieux mage leva la tête et scruta l'obscurité brumeuse.

– Tu sais, j'ai encore de bons yeux. Je vois des gens de ta bande sur la corniche qui surplombe le bassin. Qu'est-ce qu'il y a là ? Un arbre ?

Bedono secoua sa tête embroussaillée. Il ne voyait rien que des gros se battant contre des petits. Ils étaient arrivés sur les lieux juste après la fuite du soleil et avançaient avec prudence. Bedono se dit qu'ils devaient faire quelque chose pour améliorer la situation. Il avait permis aux otages de s'enfuir, mais il n'était pas certain que la transformation de Styxus Rex fût réelle ou… feinte.

Soudain, une forme brilla devant le troll et celui-ci faillit tomber. Styxus Rex le retint tandis qu'un large sourire s'épanouissait sur son visage.

– C'est ma bonne amie Chipie ! s'exclama-t-il. Comment allez-vous, ma chère ?

La fée contempla le visage blême du mage d'un air méfiant. Puis elle haussa les épaules.

– Vous êtes devenu courtois. Est-ce que vous savez pourquoi ?

– Je vous prie de me le dire, fit le sorcier en se penchant vers elle.

– Parce que le couteau noir a été détruit.

Styxus Rex hocha la tête d'un air empreint de sagesse.

– Ah ! je me demandais ce qui était arrivé. Ceux qui étaient méchants à la suite d'un sort jeté par ce couteau redeviennent bons lorsque ce couteau est détruit. Voilà pourquoi j'étais diabolique avant de mourir et même après.

– Alors, allez-vous faire cesser cette bataille ? lança Bedono en tendant la main vers le canyon.

– Crois-tu qu'une boule de feu ferait l'affaire ? demanda le sorcier avec inquiétude. Je ne veux blesser personne.

Chipie vola en face de Bedono.

– Où est Rollo ? Personne ne sait où il est ?

– Moi, je le sais, soupira le petit troll, l'air sombre. Un énorme dragon nous a conduits au bout du Gouffre, là où la lave se déverse dans le marécage. Il y a un pré et une hutte, et c'est là que je l'ai laissé, dans une chambre secrète dissimulée sous la hutte. S'il a traversé le portail comme je l'ai fait, il doit être à Bois-Joli.

La fée eut l'air étonnée.

– Vous êtes les trolls qui ont rencontré Batmole ?

– Batmole ? répéta Styxus Rex, qui était crispé et qui tremblait. Est-ce que ce sinistre mage est encore en vie ? Si c'est le cas, nous devrions nous en aller !

Le sorcier voulut s'envoler, mais Bedono le retint sur le rocher.

– Pas si vite, Rex. C'est toi qui as semé toute cette pagaille et c'est toi qui dois y mettre un terme. Pourquoi ne pas donner le trésor à Batmole ?

– Oh, il accepte le trésor, assura Chipie. Il désirait avant tout reprendre le couteau noir et se venger de Styxus Rex pour avoir tué tous les sorciers.

– J'ai été terriblement méchant, n'est-ce pas ? gémit le mage qui semblait avoir vieilli de mille ans. Batmole ne voit-il pas que j'ai changé ? Je veux aider Rollo, c'est tout ce que je souhaite.

– Je ne crois pas que Batmole se soucie du sort de Rollo, dit Chipie. Il est fâché de ne plus avoir le couteau.

Le vieux sorcier avait des remords. Bedono le secoua par ses épaules maigres.

– Allons, Rex ! Ressaisis-toi ! Nous avons beaucoup de travail à accomplir si nous voulons redresser la situation.

– Batmole est de retour, murmura Styxus Rex en hochant la tête avec frayeur. Il était le sorcier le plus puissant d'entre nous. Personne à part lui n'aurait pu créer tout ça.

Il désigna la gorge remplie de lave, de gaz fétides, de plantes dévoreuses de gnomes.

Des grognements et des coups leur parvenaient de la bataille qui se déroulait en bas.

– Ouais, la belle affaire, répondit Chipie. Quelqu'un doit faire cesser ce combat. Les elfes sont six contre un ogre, et ils se font rouer de coups. Mage, vous pourriez lancer une boule de feu !

Styxus Rex refoulait ses larmes.

– Je me sens si mal d'avoir agi de la sorte et tu veux que je lance une boule feu ?

– Oui, et au plus vite, suggéra Bedono.

Envahi par un sentiment de honte, le sorcier en pleurs produisit une boule de feu qui brillait comme un petit soleil. Il plia le poignet et elle fila à travers le canyon, tombant au milieu de la mêlée où elle explosa avec force. Les elfes et les ogres furent propulsés dans les airs et on put voir leur fourrurc qui brûlait. Plusieurs plongèrent dans le bassin pour échapper aux flammes déchaînées tandis qu'un énorme nuage de fumée grise s'élevait des buissons réduits en cendres.

– C'était une belle, celle-là, dit Bedono avec admiration. Tu t'améliores depuis que tu es du bon côté.

– Je ne parviendrai jamais à égaler Batmole, soupira le mage. Faisons la paix et allons-nous en avant qu'il n'arrive autre chose.

***

Ridicula était étourdie. Elle sentait que quelqu'un la traînait à travers la fumée. Tout le monde se tenait les côtes en toussant ou courait en rond dans les flammes avant de sauter dans le bassin. L'incendie se propageait partout.

– Le vieux busard n'a pas lésiné, marmonna une voix familière entre deux grognements de douleur.

Ridicula leva les yeux et vit Pouillane qui pestait en la transportant en lieu sûr.

– Ta fourrure est en feu, ajouta la sœur de Rollo.

– Merci, souffla Ridicula.

Elle tapota sa fourrure en tentant de reprendre ses esprits. L'impact de la boule de feu l'avait pétrifiée. Elle se souvenait vaguement de la bataille dans la brume. Ah, oui, les charmants elfes se battaient contre les ogres, et elle avait essayé de faire la paix. Puis la boule de feu les avait frappés.

– Laisse-moi me lever !

Ridicula repoussa les pattes de Pouillane et se releva.

– Si Styxus Rex est dans les parages, poursuivit-elle, il sait où se trouve le trésor. Il faut remonter à la corniche.

Les deux trolls détalèrent vers la falaise, passant par-dessus les tisons brûlants et les elfes. La corde avait disparu. Ridicula vit le premier piton au-dessus de sa tête. La fumée masquait la corniche.

– Verna ! appela-t-elle. C'est moi, Ridicula ! Laisse-moi monter !

– Laisse-nous monter ! gueula Pouillane. Dépêche-toi !

Les elfes se regroupaient. Le capitaine Masticor avait disparu, ainsi que les deux ogres étranges. La corde descendit sur le sol juste au moment où un elfe s'emparait de son arc. Il se mit à chercher une flèche.

– Vas-y ! dit Ridicula à Pouillane en la poussant vers la corde.

La grosse troll hocha la tête et commença à grimper, poussée par sa copine. Ridicula surveillait l'elfe. Il était en train de ramasser une flèche et elle s'apprêtait à lui foncer dessus. En voyant que la flèche était brisée, l'elfe hurla de rage et Ridicula brandit le poing vers lui. Lorsque la corde redescendit, la troll s'en empara et se mit à y grimper avec vivacité.

Heureusement, il faisait noir. La fumée et les tisons tourbillonnaient, se mêlant à la vapeur et aux gaz nocifs. Ridicula s'éleva et disparut rapidement en se dissimulant dans l'ombre.

Ses amis la tirèrent sur la corniche et l'aidèrent à se relever. Ridicula étudia la situation.

L'ogresse, le gnome et les deux trolls se trouvaient sur une étroite corniche située à mi-chemin entre le vieil arbre et le nid dans lequel était le trésor. L'arbre poussait sur une autre corniche qu'ils pouvaient atteindre à condition d'avoir suffisamment de pitons, et aussi plus de courage que de cervelle. Ridicula ne voyait pas les dragons dans le noir, mais elle devinait qu'ils n'étaient pas très loin du nid.

Elle considéra ses camarades entassés sur la corniche dangereuse. Pouillane, Verna et Mouchi étaient tout ce qui restait de la valeureuse bande. Rollo, Bedono et plusieurs ogres, incluant le capitaine Masticor, avaient disparu.

– Où est le capitaine Masticor ? demanda Verna.

Elle avait deviné ses pensées. Ridicula haussa ses larges épaules.

– La dernière fois que je l'ai vu, il se battait contre deux ogres surgis de nulle part pour attaquer les elfes. Un d'entre eux portait un bol de métal sur la tête.

– Le sergent Cranium, soupira Verna avec dégoût. Ça veut dire que Styxus Rex n'est pas loin. Mais pourquoi a-t-il lancé une boule de feu contre ses acolytes ?

– Tout ce que je sais, c'est que le trésor est au-dessus de notre nez, répondit la troll en indiquant la masse grise à travers la brume. Qui veut aller le chercher ?

– Moi ! dit Mouchi avec entrain.

En fronçant les sourcils, Verna fit non de la tête.

– Je pense que je vais y aller.

Pouillane leva les yeux vers le nid et hocha la tête.

– Le trésor ?

– Le nid est rempli de babioles en or et de diamants, répondit Mouchi gaiement. Tu les vois quand le soleil sort, mais ils sont enchevêtrés aux branches du nid. Nous l'avons vu.

– Il est réel, approuva Verna, tout comme le danger.

– Nous avons la nuit devant nous, et c'est une longue nuit ! insista Mouchi. Qui pourrait s'y rendre avant nous ?

Soudain, une mince silhouette sombre fendit la brume au-dessus de leurs têtes et vira vers le nid du dragon. En entendant une cape voler, Ridicula devina qu'il s'agissait de Styxus Rex. Il avait déjà signalé sa présence en lançant une boule de feu, et ses pouvoirs semblaient de plus en plus grands.

– C'est lui ! souffla Pouillane.

Verna prit son arc.

– Non, attendez, chuchota Ridicula. Il ne sait probablement pas que nous sommes ici. Il n'a pas encore vu les dragons, et ils ne l'ont pas vu non plus. Il ne fait que jeter un coup d'œil, il ne peut pas transporter le trésor à lui tout seul.

Verna baissa son arc et rugit :

– Il peut le faire flotter jusqu'au bord du Gouffre.

– Peut-il réussir à faire ça ? demanda Mouchi.

Ils regardaient attentivement le sombre sorcier qui flottait devant l'arbre mystérieux. Styxus Rex leva les bras, et les babioles en or se mirent à tinter délicatement, comme un carillon sous le vent. Il semblait qu'il allait réussir à soulever le trésor et Verna banda son arc. *À une distance pareille*, pensait Ridicula, *et avec cette brume, elle aura de la chance si elle fait mouche.*

– Hum, fit Mouchi, nous n'avons pas vraiment besoin de recevoir une boule de feu. Il n'y a pas de place pour courir sur cette corniche.

– Ne tire pas, ordonna Pouillane. J'ai vu…

Surgissant de nulle part, deux ombres se mirent à voler autour du mage qui agitait les bras en essayant de se débarrasser des importuns.

Voyant que les petits dragons lui donnaient des coups de bec et de griffe, Styxus Rex retourna vers les rochers pour se mettre à l'abri. Il s'écroula sur le sol et se releva pendant que les bêtes continuaient de le tourmenter. Le sorcier tendit les bras, et les dragons se mirent à voler à reculons.

Ridicula était distraite par l'activité qui se déroulait en bas et partout même, dans les bois et dans l'ombre. La bataille avait cessé, mais plusieurs elfes rôdaient dans les parages à la recherche des blessés. La troll essaya de voir le mage et les petits dragons, mais ils étaient hors de vue. Styxus Rex n'avait pas réussi à dérober le trésor.

Mouchi poussa un grand soupir de soulagement.

– Bon, nous ferions mieux de bouger, déclara le gnome. J'ai compté nos pitons et nous n'en avons pas assez, à moins d'utiliser ceux qu'il y a en dessous.

– Alors, comment allons-nous redescendre ? dit Pouillane.

– Je ne sais pas, répondit le gnome, mais nous aurons le trésor !

– Pourquoi ne pas scier la branche ? fit Verna.

– Et le laisser tomber sur le sol ?

Ridicula avait l'air incrédule.

– Je pense que la moitié tombera dans la lave.

– Si vous unissez vos efforts, vous réussirez à l'avoir, lança une petite voix dans la bruine.

Ils tressaillirent de frayeur. Pouillane balança son gourdin et faillit glisser de la corniche. Verna et Ridicula l'attrapèrent juste à temps et la tirèrent en arrière.

– Les trolls sont encore drôles. Tant mieux !

– Pourquoi ? demanda Pouillane. Est-ce que c'est toi, Chipie ?

– Oui, c'est moi. Mais je ne me montrerai pas tant que vous ne serez pas calmés. Je ne suis plus votre ennemie. Je suis devenue bonne, et Styxus Rex aussi.

– C'est ça, et moi je suis la mairesse de Moisis-les-Prés, rétorqua Ridicula d'un air narquois. Nous venons juste de le voir se faire béqueter par le dragon… Il essayait de dérober le trésor.

– Il voulait l'offrir à tout le monde en gage de paix, assura la fée en surgissant dans la bruine. Ses plans ont échoué dernièrement.

– Si tu veux vraiment être notre amie, répliqua Ridicula, va-t'en. Nous n'avons pas envie de travailler avec toi.

– Le couteau noir a été détruit, affirma la fée en voletant près d'elle. Nous sommes devenus nobles. Si vous ne me croyez pas, demandez à Bedono.

– Bedono ? répéta Pouillane en se martelant la poitrine. Est-ce que mon chéri va bien ?

– Oui, il est devenu un héros. Il a libéré Sancou et Kronck, répondit la fée. C'est une longue histoire... Si vous descendez, nous vous la raconterons.

– C'est une blague, marmonna Verna.

– Où est-il ? fit Pouillane avec méfiance.

– Il est au bout du Gouffre, à Bois-Joli, dans le tunnel et dans des millions d'endroits ! expliqua la fée en agitant les bras comme si elle haranguait une foule. Maintenant, il est caché derrière les rochers et il veille sur Styxus Rex.

– Tout ça ne fait que nous ralentir ! rouspéta Mouchi en chassant Chipie de la main. Dégage !

Ridicula se rappela un détail important.

– Pour qui es-tu allée chercher le couteau ? À qui obéissais-tu ? Qui était-ce ? Mouchi et moi, nous t'avons vue en train de lui parler.

– Tu veux parler de Batmole, répondit Chipie. En fait, il serait sage de partir avant qu'il ne...

– Il est trop tard, lança Verna en pointant le Gouffre du doigt.

Retenant son souffle, Ridicula se pencha au-dessus de la corniche et vit une longue file d'elfes émerger des buissons. Ils suivaient la piste que ses camarades et elle avaient ouverte à travers la végétation. En regardant de plus près, Ridicula découvrit que les elfes transportaient des perches sur leurs têtes et que ces perches étaient attachées les unes aux autres.

– Une échelle ! s'écria Verna, tout étonnée. C'est une échelle digne d'un siège, elle est très longue. Voilà ce qu'ils fabriquaient en cachette lorsque nous sommes passés près d'eux. Une longue échelle !

Mouchi renâcla.

– Elle ne leur suffira pas pour atteindre le trésor.

– Peut-être pas, soupira Ridicula, mais ils auront accès à cette corniche. Puis, ils hisseront leur échelle vers la suivante et cueilleront le trésor.

– Ils ne sont pas aussi stupides qu'ils en ont l'air, marmonna Verna.

– Je veux savoir ce que devient mon Bedono ! hurla Pouillane d'une voix stridente.

La troll cherchait la fée mais ne la voyait pas.

– Chipie ! Chipie ! répéta-t-elle. Où es-tu ?

– Espérons qu'elle disait la vérité, dit Ridicula.

Quelques elfes appuyèrent l'échelle contre la falaise, tandis que les autres levaient leurs arcs pour les couvrir. Ridicula chercha Dellor, espérant qu'il n'avait pas été blessé au cours de la bataille, mais elle ne le distinguait pas parmi les elfes dans l'obscurité.

Bien qu'elle fût appuyée contre la falaise, l'échelle n'atteignait pas le bord de la première corniche. Il manquait sept mètres environ.

– Ne savent-ils pas où se trouve la corniche ? demanda Mouchi. Espèces d'andouilles !

– Ils savent que nous sommes ici, répondit Verna. Ils ne vont tout de même pas nous envoyer une échelle. Nous la repousserions d'un coup de pied.

Les elfes commencèrent à gravir l'échelle un par un. Ils étaient six. Les autres montaient la garde en bas. Les trolls, l'ogresse et le gnome, tout en épiant les adversaires qui approchaient, se demandaient ce qu'ils allaient faire.

Ridicula remarqua que les elfes portaient leurs arcs sur le dos.

– Ils vont nous envoyer des flèches empoisonnées, affirma-t-elle. Il nous faut un plan !

– Qu'est-ce qu'on peut faire? demanda Pouillane à travers ses larmes. Nous sommes sur une corniche, pareils à des cibles dans un concours de tir.

– Il me reste quelques flèches en réserve, lança Verna en empoignant son arc. Assez pour les repousser tous.

– Dellor n'a jamais parlé de cette stupide échelle, grommela Ridicula d'un air chagriné. Pourquoi avait-il besoin de nous?

– Pour ouvrir cette piste, répliqua Mouchi.

Les elfes montèrent aussi haut qu'ils purent et se tinrent agrippés aux barreaux de l'échelle. C'était des guerriers agiles, capables de bander leurs arcs et de se préparer à tirer malgré le vent qui les faisait osciller.

Verna sauta sur l'occasion. Elle décocha une première flèche qui siffla à l'oreille de l'archer du dessus. À son tour, il en envoya une qui se rompit sur le rocher derrière eux. Les six archers tirèrent à volonté et nos amis trépignèrent sur l'étroite saillie, sans pouvoir se mettre à l'abri.

Une seule égratignure et nous sommes morts, se dit Ridicula.

CHAPITRE QUATORZE

UNE ÉPREUVE DE FORCE

L'elfe qui se trouvait au bout de l'échelle éternua soudainement. Un instant plus tard, les six elfes qui visaient Ridicula et ses compagnons se mirent à éternuer sans arrêt. Ils réussirent à demeurer sur la haute échelle, mais leurs adversaires profitèrent de la diversion pour riposter.

Verna se redressa et tira une flèche qui atteignit le premier elfe à l'épaule. Il lâcha son arc et se cramponna à l'échelle, tout en continuant à éternuer.

– Mouchi, donne-moi de la corde, fit Ridicula. Est-ce que tu as apporté un crochet ?

– Oui, répondit le gnome, saisissant ce qu'elle voulait faire.

Il attacha son meilleur crochet à sa meilleure corde et le lui tendit.

– Reculez, ordonna Ridicula en repoussant ses compagnons.

Elle laissa descendre la corde sur le rebord de la corniche, ainsi que le crochet, tout en essayant d'atteindre l'échelle. Le crochet se balança et approcha du but.

Un des elfes tenta de lancer une flèche, en vain. Verna tira à son tour et toucha l'elfe à la jambe. Leur attaque était tombée à l'eau, et le dernier elfe descendit les échelons pour empêcher Ridicula d'atteindre l'échelle avec le crochet.

Le crochet heurta deux fois le montant de l'échelle avant de se glisser sous un échelon.

– Tirez ! dit Ridicula en tendant la corde à ses compagnons.

Ils hissèrent l'échelle le long de la paroi, forçant les elfes à descendre plus bas. Ces derniers laissèrent tomber leurs arcs et se glissèrent en bas le plus vite possible. La plupart d'entre eux avaient atteint le sol avant que l'échelle ne vacille et ne se rompe. Une partie de l'échelle pendait au bout du crochet comme un poisson mort.

– Hourra ! cria Verna.

Pouillane riait.

– Regardez-les courir !

– Bon coup, Verna ! s'exclama Mouchi. Ça leur apprendra, à ces stupides elfes !

Mais Ridicula ne se réjouissait pas. Elle avait le front plissé d'inquiétude.

– On ne peut pas continuer comme ça, murmura-t-elle. Il faut que je parle à Dellor.

– Ils vont te transformer en pelote d'épingles, l'avertit Pouillane. Ils ont essayé de nous tuer.

– Je sais, dit Ridicula. Ils pensent que nous les avons attaqués depuis qu'ils ont vu débarquer ces deux ogres bizarres.

– Ils nous avaient déjà lancé des filets, répliqua Pouillane.

– D'accord, tout va mal.

Ridicula tenait la corde. Elle s'apprêtait à la jeter en bas quand Chipie surgit devant elle.

– Je peux encore les faire éternuer ! fanfaronna la fée. Ridicula, s'il te plaît, attends. Ne t'en va pas.

Chipie se tourna vers Pouillane.

– Bedono dit que vous avez parlé d'aller passer votre voyage de noces au Trou, dans la Forêt Oubliée. Pour vous balancer au bout d'une liane comme vous adorez le faire. Me crois-tu quand je te dis que je suis de votre côté ?

Pouillane poussa un cri aigu et tapa des mains.

– Mon Bedono va bien ! Merci de m'avoir dit ça, Chipie. Où est-il ? Quand pourrai-je le voir ?

La fée jeta un coup d'œil en bas, où les elfes avaient commencé à se regrouper.

– Je ne vous conseille pas de descendre maintenant. Les elfes sont enragés. Styxus Rex doit faire cesser la bataille parce qu'il est le seul qui puisse les arrêter. Ils l'écouteront. Nous partagerons le trésor et nous vivrons en paix.

– Où sont les autres ogres ? demanda Ridicula.

Chipie fronça les sourcils.

– Les elfes les ont capturés. Il y en a deux qui sont gravement brûlés.

– Alors, pourquoi rester ici à attendre ? lança Pouillane avec impatience. Je veux voir Bedono !

– Moi, je veux le trésor, dit Mouchi.

Le gnome s'allongea sur le bord de la corniche et regarda l'extrémité de l'échelle pendue au bout du crochet.

– Hé ! j'ai une bonne idée ! poursuivit-il. Verna, peux-tu fixer le crochet à une de tes flèches et l'envoyer jusqu'à l'arbre en y attachant une corde ? Si tu réussis à faire ça, nous pourrons grimper là-haut. Nous ferons une poulie et descendrons le trésor.

– Je vais essayer, répondit Verna qui, aussitôt, s'empara de la corde et lança le crochet jusqu'à la corniche.

Ridicula scrutait les ombres rougeâtres. Rien ne bougeait.

– Il semble que les dragons se soient envolés. Dépêchez-vous, avant que quelqu'un d'autre ne fasse une folie.

– J'aimerais que Rollo soit là, souffla Chipie.

– Moi aussi, fit Ridicula. Moi aussi !

***

Sur le rocher, Bedono observait les elfes éparpillés. Ceux-ci tentaient de se regrouper après avoir échoué dans leur tentative de monter jusqu'à la corniche en se servant de l'échelle. Le petit troll ne savait pas ce qui se passait là-haut sur la paroi de la falaise, mais il espérait que ses amis étaient sains et saufs, plus particulièrement Pouillane.

Depuis que Chipie lui avait raconté que la bande était près du trésor, il était inquiet. Trop de choses bizarres se produisaient et trop de gens convoitaient le trésor.

Bedono jeta un coup d'œil par-dessus son épaule et vit le sorcier assis à quelques pas de lui. Depuis son échec, Styxus Rex ne faisait que contempler le vide et soigner ses blessures. Il était noble, il avait perdu de son arrogance et ça l'ennuyait de blesser quelqu'un, qu'il s'agisse d'un dragon, d'un elfe, ou même du sergent Cranium. Il aurait eu des remords en écrasant le moindre ver de terre.

– Rex, tu dois faire quelque chose, dit Bedono. Jusqu'à hier, cet endroit était le secret le mieux gardé sur nos deux terres. Maintenant, il y a plus de circulation dans le tunnel qu'au Morne Marais pendant les vacances.

– Tout cela est de ma faute, marmonna le mage, découragé. Si seulement je n'avais pas été si cupide. Si seulement je n'avais pas pensé à tuer ces gens ou à les réduire en esclavage.

– Personne n'est parfait, assura Bedono. La question est de savoir ce que tu comptes faire pour que cesse cette querelle ? Peu importe comment tu feras, il va falloir te comporter comme l'ancien Styxus Rex, sinon personne ne va t'écouter. Une attitude douce et chaleureuse ne convaincra pas ces têtes dures !

Le mage cligna des yeux en essuyant ses larmes.

– Si je dis aux elfes qu'ils peuvent prendre le trésor, et si je dis aux trolls et aux ogres qu'ils peuvent rentrer chez eux et que je leur pardonne tout… vont-ils m'obéir ?

Le sorcier, perplexe, s'interrogeait. Puis il se leva, s'étira de toute sa haute taille et produisit une autre boule de feu. Elle dansait sur la paume de sa main et il la lança très haut dans les airs. Elle explosa en laissant tomber une pluie d'étincelles, illuminant les nuages jaunes comme le soleil. Tout le monde leva les yeux vers le ciel.

Les elfes se mirent à l'abri. Bedono vit la pointe de leurs oreilles dépasser des buissons.

– Écoutez-moi tous ! déclara Styxus Rex d'une voix qui semblait sortir d'outre-tombe. Nous devons mettre un terme à cette querelle. Si les elfes laissent partir les gens de Crachoutos en paix, ils garderont le trésor.

Il s'éclaircit la gorge avant de poursuivre :

– Tout ogre, troll ou gnome qui rentre chez lui sera pardonné, peu importe ce qu'il a fait. Nous allons tout recommencer à zéro avec un nouveau roi, mais ce ne sera pas moi !

– Ne les laisse pas croire que tu es faible, chuchota Bedono. Dis-leur qu'ils seront punis s'ils ne font pas ce que tu dis.

– Faites ce qu'il dit ou je serai puni, annonça Styxus Rex en pointant Bedono du doigt.

Puis il remua la tête d'un air confus et ajouta :

– Elfes, reculez et laissez-nous partir. Vous pouvez garder tout le trésor !

Le vieux sorcier avait la mine contrite.

– Je voulais seulement unir nos deux pays. Le trésor compensera les pertes que je vous ai fait subir.

– Pas si vite ! tonna une autre voix.

Tout le monde se retourna vers le gros rocher, de l'autre côté de la coulée de lave, où se tenait un petit personnage drapé de noir. Les bras croisés, il cria d'une voix enragée :

– Le trésor me revient ! Il a été volé alors qu'on le livrait chez moi !

– Batmole ? fit nerveusement Styxus Rex en s'efforçant de sourire. Ça fait longtemps qu'on ne s'est vus ! Comment ça va ?

– Mieux que mes compagnons sorciers, espèce d'infâme assassin ! hurla Batmole. Il ne t'a pas suffi de les tuer. Il a fallu que tu les transformes en goules en utilisant le couteau noir. Pour en faire tes esclaves.

Le visage de Styxus Rex se crispa.

– Les goules ne se souvenaient pas de leur vie antérieure, et tout le monde à Crachoutos a été réduit en esclavage, dit-il en soupirant et en laissant retomber ses épaules. D'accord, je ne suis qu'un vil assassin ou, du moins, je l'ai été. J'essaie de m'amender et d'accomplir un geste noble. Ne vois-tu pas combien il était vil de créer le Gouffre ? Cela nous a empêchés de nous connaître. Donnons ce trésor aux elfes en gage de paix !

– C'est mon trésor ! rugit le petit mage en faisant un pas en avant. Mais je vais d'abord m'occuper de toi.

Le sorcier nain retroussa ses manches et un roulement de tonnerre se fit entendre dans les nuées. Un éclair jaillit et tomba au milieu du Gouffre, fonçant droit sur Styxus Rex. Bedono s'accroupit et fit tomber Styxus Rex, lui évitant une mort certaine. L'éclair frappa le rocher et le fendit en deux. Bedono et Styxus Rex furent projetés sur le sol par le souffle de l'explosion.

Les elfes se mirent à courir dans tous les sens et s'enfuirent sans demander leur reste. Styxus Rex se releva en essuyant son visage et ses vêtements couverts de sable.

– Je suis devenu bon, cracha-t-il, mais pas bonasse !

Il leva la main. Une grosse boule de feu se matérialisa et se dirigea à toute vitesse vers l'autre côté de la rivière. Batmole sautilla sur le rocher au moment où la boule arrivait et explosait en une gerbe d'étincelles et de tisons.

Le petit mage sauta sur ses pieds en poussant des cris aigus.

– Je vais te régler ton compte ! Prends ça !

La terre gronda et tous les geysers du Gouffre jaillirent en même temps. La lave sortit de son lit et courut vers les plantes, les transformant en torches. Des énormes pierres tombaient des falaises et même les ogres hurlaient de peur. C'était un tremblement de terre !

Styxus Rex se tourna vers Bedono et soupira :

– Et maintenant, que dois-je faire ?

– Attaque-le ! supplia le troll.

Styxus Rex hocha la tête et disparut dans la brume.

Bedono sauta sur un rocher et contempla le canyon qui se déchaînait, essayant d'apercevoir Pouillane dans tout ce chaos. La fumée, la poussière et la vapeur remplissaient l'air et il était impossible de voir quoi que ce fût. Malgré tout, Styxus Rex lança une autre boule de feu qui frappa la lave et explosa à l'endroit où se trouvait Batmole un instant plus tôt. Au grand soulagement du troll, le tremblement de terre cessa.

– Pouillane ! hurla Bedono. Pouillane, où es-tu ?

***

Pendant ce temps, Pouillane faisait de gros efforts pour ne pas lâcher la corde au bout de laquelle pendait une très lourde troll. Verna et Mouchi s'empressèrent de venir l'aider, mais tous trois ne parvinrent pas à contrôler Ridicula qui oscillait comme un pendule.

Verna avait lancé le crochet à la branche de l'arbre, et Ridicula avait insisté pour y monter. La troll venait à peine d'atteindre le nid du dragon lorsque le feu d'artifice avait commencé. Depuis le début du tremblement de terre, elle se balançait d'un côté et de l'autre, au bout de la corde fixée à sa taille et enroulée autour de la branche.

Dans ce mouvement de va-et-vient, Ridicula surveillait la fumée et les flammes qui tourbillonnaient en dessous d'elle. Un autre éclair surgit, déchirant le Gouffre avant d'exploser et de projeter un souffle puissant. Puis une autre boule de feu dorée frappa la lave et cracha du magma et des scories à des centaines de mètres dans les airs. Les flammes se déchiraient en lambeaux qui retombaient sur tout le monde, comme si c'était la fin du monde !

Même les dragons avaient peur. Ridicula les voyait tournoyer au-dessus d'elle. Peut-être se préparaient-ils à l'attaquer.

– Laissez-moi descendre ! cria Ridicula.

– Nous ne le pouvons pas ! répondit Verna. Nous réussissons à peine à te tenir. Tu vas nous faire tomber de la corniche !

Quelque chose bougeait en face de la pauvre troll et elle voyait une cape noire frémir dans le vent chargé de fumée. Elle déglutit en se rendant compte qu'il s'agissait de Batmole. Il la regarda à peine en planant au-dessus des joyaux. En riant, il évaluait le trésor en se frottant les mains. Il murmurait des paroles mystérieuses et les objets du trésor s'entrechoquaient, pareils à des marmites et à des casseroles reliées entre elles par une chaîne.

Un autre personnage apparut dans un tourbillon de brume et s'écrasa contre Batmole, l'aplatissant contre la falaise. C'était Styxus Rex. Les deux sorciers s'élancèrent dans les airs comme deux aigles se battant pour la même proie. Les éclairs, le tonnerre et les tremblements de terre secouaient le Gouffre. Une boule de feu jaillit comme un bouchon de liège dans le ciel. La pluie et la grêle s'abattirent sur les combattants. Ridicula crut que personne n'allait sortir vivant de cette bataille.

Un éclair frappa Styxus Rex dans le dos et il dégringola. Sa cape était en feu. Il disparut dans la brume et tomba dans les gros bouillons.

– Le trésor est à moi ! hurla Batmole en poussant un cri de victoire.

Il regarda Ridicula droit dans les yeux, l'air méprisant.

– Vous les trolls, vous avez fini de me causer des ennuis. Je n'aime aucun de vous. Je vais faire ce que j'aurais dû faire il y a mille ans : rayer Crachoutos de la carte !

Ridicula agita les bras en essayant d'atteindre ses camarades, mais elle ne pouvait que se rapprocher de la corniche où ils se tenaient.

– Faites-moi monter jusqu'à l'arbre ! leur cria-t-elle.

Verna, Pouillane et Mouchi tirèrent de toutes leurs forces sur la corde, et Ridicula remonta lentement vers l'arbre. Batmole lui jeta un coup d'œil, puis retourna inspecter son trésor. Il leva la main et un collier de saphir se sépara du tas de joyaux et flotta dans l'air avant de se retrouver dans la paume du mage.

Pendant que ses amis tiraient sur la corde, Ridicula s'élevait peu à peu. Puis son crâne heurta l'épaisse branche de l'arbre. Elle remua la tête, se tortilla et tenta d'agripper le tronc. Après trois essais, elle y parvint enfin et ses compagnons purent relâcher la tension de la corde.

Mais la troll était loin d'être sauvée. Elle était accrochée par une corde à un arbre juché à une centaine de mètres, en compagnie d'un sorcier fou qui la dévisageait. La pluie et la grêle redoublaient et, chaque fois que la terre tremblait, le Gouffre frémissait, comme une gelée de sangsues.

– Par quoi vais-je commencer ? se demanda Batmole avec gaieté. Je vais tout simplement faire tomber l'arbre.

Il leva les mains, et la terre commença à s'effriter sous les racines. Ridicula, sentant les branches s'affaisser sous son poids, retourna à la corniche où se trouvait l'arbre.

Des croassements résonnèrent au-dessus d'elle. Ridicula aperçut les petits dragons qui tournoyaient dans les airs. *Sont-ils inquiets pour leur nid?* se dit-elle. D'une seconde à l'autre, tout allait s'écrouler.

Batmole éternua. Il laissa échapper le collier qu'il tenait, et la terre cessa de s'effriter. Le mage se grattait frénétiquement le dos et tournait sur lui-même, cherchant Chipie. Celle-ci fila vers le collier à la vitesse d'une flèche et le récupéra avant qu'il ne tombe dans le gouffre. Elle remonta les pierres précieuses et s'en servit pour déclencher un petit éclair. Batmole éternua encore.

– Maudite sois-tu, méchante petite fée ! Je vais raser Bois-Joli aussi !

Chipie fixa Ridicula et montra le ciel du bout de son doigt. Puis elle disparut. La troll leva la tête. Les petits dragons volaient en gloussant de joie. C'était plutôt étrange. Puis une grande silhouette éteignit toutes les étincelles et les scories en descendant sur eux comme une éclipse de lune.

Ridicula cligna des yeux; la créature n'était pas seule. Masqué par la brume, une sorte de bipède pendait, accroché aux serres du monstre; il vint s'écraser contre l'arbre et se mit à descendre du tronc.

– Waouh ! s'exclama une voix familière.

– Rollo ! s'écria Ridicula en voyant le troll voler devant elle avant d'atterrir sur la corniche.

Dans le canyon enfumé, les trolls, les ogres et les elfes observaient la mère dragon en train de tournoyer lentement dans la bruine. Agitant ses ailes lentement, elle effectua un virage et se dirigea droit vers Batmole qui planait au-dessus de son nid. Un éclair luisait au fond de ses prunelles d'un bleu turquoise, devenant plus foncé sous l'effet de la colère.

Le sorcier cherchait frénétiquement une sortie, mais il n'y avait rien que le vide et de la roche.

– Je n'ai pas fait exprès ! Je t'en supplie, ne me…

Batmole lança un éclair au dragon, mais il éternua au même moment et le projectile dévia de sa course. Le serpent ailé fondit sur sa proie. Le mage se précipita contre la falaise. D'un battement d'ailes, le monstre changea de direction et harponna Batmole. De l'autre griffe, il tenait un gobelet d'or et Ridicula supposa qu'il le rapportait au nid.

La bête poussa un cri de triomphe en emportant son butin. Puis elle étendit ses ailes majestueuses et fila vers le firmament en laissant une trace de fumée derrière elle. Gazouillant de joie, les bébés dragons la suivirent et le silence retomba dans le gouffre dévasté et enfumé.

Il n'y avait plus de bruit hormis celui de la branche. Ridicula se retourna et vit Rollo empoigner le trésor tandis que la branche allait céder sous son poids. Affaibli par tous ces tremblements de terre, l'arbre émit un dernier craquement et Ridicula, Rollo et le trésor dégringolèrent au fond du Gouffre !

CHAPITRE QUINZE

DE VIEUX RÊVES ET DE NOUVELLES VISIONS

C'est le moment ou jamais de voler! se dit Rollo en plongeant la tête la première dans la gorge. *Et Ridicula! Elle est tombée, elle aussi!*

Chaque poil de sa fourrure se hérissa. Il s'efforça de ralentir sa chute et de s'élever dans les airs. Il ne songeait pas à sauver sa peau, il volait au secours de sa bien-aimée. Il comprit qu'il avait réussi lorsqu'il sentit son corps heurter le sien.

Ridicula poussa un rugissement en voyant que sa chute était ralentie et qu'elle pendouillait au bout de la corde. Rollo vit ses camarades sur la corniche qui tentaient de retenir la lourde troll. Mouchi avait déjà glissé par-dessus bord et il se cramponnait à la corde. Verna et Pouillane allaient y passer d'une seconde à l'autre.

Un terrible fracas résonna dans le canyon quand le nid et le trésor s'écrasèrent sur les rochers. La moitié du trésor rebondit dans le bassin et l'autre moitié, dans la lave. Rollo ne s'attarda pas à regarder ce qui se passait en bas et vola vers la corniche. Il attrapa Mouchi par le pied, puis il sortit Pouillane de sa position précaire et déposa ses amis sur la corniche. Puis le troll atterrit et, s'emparant de la corde, il aida Verna à retenir Ridicula.

– Remontez-la ! cria Rollo.

Ses amis se relevèrent et se remirent à tirer, réussissant à hisser Pouillane de quelques mètres.

Rollo jeta un coup d'œil en bas et vit les elfes qui contemplaient le trésor comme s'il s'agissait d'objets maléfiques.

– Prenez-le ! cria Ridicula en brandissant le poing vers les petits lutins. Vas-y, Dellor ! Tu voulais tellement l'avoir, ce trésor, alors prends-le !

– Ridicula, ne bouge pas ! ordonna Rollo. Nous essayons de te sauver.

– Il faudra que tu sauves cet elfe puant ! cria sa princesse. Si jamais je pose mes griffes sur lui !...

Tout en remontant Ridicula sur la corniche, Pouillane donna des tapes dans le dos de son frère.

– Contente de te revoir ! À part le fait que tu es revenu nous chercher avec un dragon.

– Ouais, beau travail, Rollo ! dit Verna. Tu fais toujours une entrée théâtrale.

Mais le jeune troll ne les écoutait pas, car Ridicula était encore en danger. Il réussit enfin à ramener sa belle grosse princesse et l'étreignit frénétiquement.

Ridicula l'embrassa à son tour, les yeux remplis de larmes.

– Je suis contente de te revoir, Rollo, très contente. Si jamais tu me quittes une autre fois, c'est toi qui vas avoir besoin d'être sauvé !

– Je sais, répondit-il d'une voix faible.

Sa gorge se noua. Il posa sa tête sur l'épaule velue de Ridicula et se sentit enfin chez lui.

Au loin, une grande rumeur s'éleva, constituée de milliers de voix. Rollo et ses compagnons regardèrent en bas et virent une foule de trolls rassemblée de l'autre côté de la rivière de lave. Il y avait des trolls à perte de vue.

– Rollo ! Rollo ! scandaient-ils. Longue vie au roi troll ! Vive le roi !

– Par où sont-ils passés ? demanda Rollo d'un air ébahi.

– Ton ami Bedono leur a montré le chemin, expliqua une voix gaie à l'oreille de Rollo.

Il se recroquevilla en voyant Chipie. Ridicula rit et le prit par le bras.

– Ça va, Rollo. Chipie est redevenue gentille quand le couteau a été détruit.

– Styxus Rex aussi, s'empressa d'ajouter la fée. Nous devons le trouver. Un éclair l'a frappé et il a été précipité contre un rocher.

La fée retourna au fond du gouffre où les elfes se rassemblaient pour assister à la suite du spectacle. Verna commença à descendre le long de la corde

– Soyons prudents, fit-elle.

***

– Bedono !

– Pouillane !

Les deux joyeux lurons se précipitèrent l'un vers l'autre. Pouillane souleva le troll et le fit tournoyer. Bedono riait comme un fou.

Rollo marchait avec Ridicula bras dessus, bras dessous, et il sourit en regardant sa sœur. Un mois plus tôt, il aurait trouvé que Pouillane et Bedono formaient un couple étrange, mais, en fin de compte, il n'était pas plus étrange que celui qu'il formait avec Ridicula.

Rollo embrassa ses amis. Il voulait entendre Bedono lui raconter ce qui s'était passé dans le portail, mais il y avait des choses plus urgentes. Le chef des elfes, Dellor, s'avançait lentement vers lui. Son visage pâle était noirci par la fumée, et la moitié de sa belle chevelure était brûlée.

– Il y a une armée de trolls de l'autre côté de la rivière, dit-il. Je crois qu'ils sont un millier.

– Ce n'est pas grave, il n'y aura pas de bataille, répondit le troll avec un soupir. Nous sommes sur votre territoire et nous allons retourner chez nous. Prenez le trésor. Moi, j'ai tout ce que je désire.

Il serra le bras de Ridicula qui enfouit son nez dans sa fourrure.

– Il y a des ogres blessés et un mage là-bas, déclara Dellor en désignant un cratère où trois elfes montaient la garde.

Ils soupirèrent tous quand ils virent à quel point le capitaine Masticor, le sergent Cranium et Gouge avaient été brûlés. Styxus Rex avait subi de graves blessures au cours de sa chute et il était aussi pâle qu'une goule. Il était étendu sur le sol près de la lave.

– On ne peut pas les transporter, lança Ridicula. Il faut les soigner.

– Tu as tout à fait raison, approuva Dellor. Nous allons dresser un camp ici et nous n'allons pas les déplacer. Mais je ne sais pas si nos remèdes suffiront à les soigner.

Soudain, les cieux sombres du gouffre s'illuminèrent comme si une multitude de lanternes s'étaient allumées. Une clameur s'éleva de la foule lorsque celle-ci vit des milliers de fées qui descendaient lentement vers le sol. Chipie était à la tête du cortège et Rollo agita la main vers sa petite amie.

Les fées chatoyantes se posaient doucement sur Masticor, Cranium, Gouge, Styxus Rex et tous ceux qui avaient été blessés durant la bataille. Elles prenaient la douleur des blessés pour elles-mêmes, et on dut les soigner à leur tour. Personne ne s'occupait du trésor, dispersé comme un tas de feuilles mortes.

***

– Rollo ! Rollo ! scandait la foule avec joie. Longue vie au roi troll !

Les lumières dansaient joyeusement autour du Morne Marais. Des serpentins s'agitaient au-dessus des étendards. Fraîchement repeints, les ponts débordaient de trolls, d'ogres, de gnomes, de fées et d'elfes en liesse. Tout le peuple de Crachoutos était là, ainsi que celui de Bois-Joli. Tous avaient revêtu leurs plus beaux habits pour assister au couronnement du nouveau roi.

Au-dessus du vieux taudis de Rollo, on avait construit une large plate-forme sur laquelle étaient réunis les dignitaires. De Crachoutos : Rollo et Ridicula, évidemment, Pouillane, Bedono, Sancou, Vulgalia, Krunkle, le capitaine Masticor, la lieutenante Verna, Nabo, Mouchi, le sergent Cranium et Styxus Rex. De Bois-Joli : Mélinda, la mère enchanteresse, le prince Dellor, le prince Rouxel, Chipie, le conseil des elfes et un essaim de fées, ainsi qu'une flopée d'oiseaux.

Une file de gens s'étirait du Morne Marais jusqu'à la Forêt Oubliée où allait se dérouler la cérémonie nuptiale. C'était assez émouvant.

– Maîtrisez-vous, maître, chuchota Nabo, l'ancien scribe du sorcier.

Derrière eux se tenait son fier neveu, Mouchi. Il arborait dignement les médailles qu'on lui avait décernées pour sa bravoure.

– Je ne peux pas, gémit Styxus Rex en hoquetant. C'est ce que j'avais vu dans le rêve que je t'ai raconté un jour dans mon repaire. T'en souviens-tu ? Crachoutos était uni dans la joie et couronnait un nouveau roi.

Le gnome releva un sourcil.

– N'avez-vous pas vu un pont au-dessus du Gouffre ?

– Oui, et c'est ce qui est arrivé ! dit le vieux mage en s'animant. Nous avons déjà un pont de corde, et maître Krunkle rassemble des équipes et le bois nécessaire pour construire un vrai pont. Avec l'aide des fées, tout devrait bien aller. Lorsque les citoyens de Crachoutos et de Bois-Joli pourront marcher paisiblement entre les deux terres, tout sera comme dans mon rêve.

La foule acclamait la mère enchanteresse qui traversait la plate-forme. Rollo attendait que la cérémonie commence. Il était nerveux. Mélinda était resplendissante et les elfes l'applaudirent avec fierté. Chipie volait à côté d'elle, tenant une délicate couronne entre ses bras fins. Il y avait des douzaines de couronnes incrustées de pierres précieuses dans le trésor, mais Rollo avait choisi la plus simple d'entre elles.

– Styxus Rex ? murmura Nabo. Tu n'es pas peiné de voir la mère enchanteresse conduire la cérémonie ?

– Non ! Non ! fit le sorcier en refoulant ses larmes. Je vais marier les heureux couples dans la Forêt Oubliée. C'était mon choix. Chut ! ça commence.

La mère enchanteresse adressa un large sourire à Rollo et le silence se fit dans la vaste foule.

– Être avec vous en cette nuit spéciale, commença-t-elle, est le plus grand honneur de ma vie. Plus tard, nous serons tous fiers de dire que nous avons assisté à cette soirée et de raconter que nous avons vu l'histoire se dérouler sous nos yeux. Avant que Rollo et ses amis ne traversent le Gouffre, nous ne nous connaissions pas. Chacun de nos peuples avait des préjugés contre l'autre, éprouvait de la haine pour lui et en avait peur.

Son sourire s'élargit.

– Mais, poursuivit-elle, un jeune troll a appris qu'il pouvait défendre le bien, et fouler les préjugés et la haine à ses pieds. Il a révélé à ses amis les trolls qu'ils étaient d'une noble lignée, et il a fait comprendre à ses ennemis qu'ils n'avaient rien à craindre de leur part. Pendant tout ce temps, il a été aidé par ses fidèles compagnons et sa bien-aimée Ridicula.

Styxus Rex pleurait à chaudes larmes, et Nabo regardait autour de lui, mal à l'aise. Derrière lui, Mouchi faisait de gros efforts pour ne pas rire.

Mélinda fit un geste vers ses amis les elfes.

– Avec le temps, nous, les elfes, avons appris à ne pas détester Rollo et nous sommes devenus ses amis. Il était important de savoir que nous étions devant un grand troll.

Alors, je suis fière d'être ici et de déclarer Rollo, fils de Sancou et de Vulgalia, nouveau monarque dans la lignée des grands chefs, roi des trolls !

Les applaudissements résonnèrent dans tout le Morne Marais, assourdissant tout le monde. Des chapeaux et des serpentins furent lancés en l'air, et les elfes embrassèrent les ogres avec joie. Au loin retentit un énorme rot qui secoua la terre, et les acclamations cessèrent aussitôt.

– Vieux Rot donne son accord ! cria le capitaine Masticor, appuyé sur une béquille.

Tous éclatèrent de rire, même le sergent Cranium, coiffé d'un bol de métal tout neuf.

– Allons à la forêt pour célébrer les mariages ! cria Pouillane.

La troll souriante saisit la main de Bedono et le traîna en bas de la plate-forme et le long du pont. Comme le petit troll n'avançait pas assez vite, elle le souleva et le transporta dans ses bras. La foule applaudissait avec délices.

Riant gaiement, Ridicula prit la main de Rollo et le conduisit sur le pont. Les elfes lancèrent de magnifiques fleurs jaunes sur le passage de la plantureuse mariée et de son nouveau roi. Les trolls leur lançaient des larves séchées. Tout le monde se réjouissait et un délicieux fumet masquait la puanteur du marais.

– Venez ! dit Styxus Rex en prenant Nabo par la main. Nous devons arriver les premiers !

Le gnome fut tiré brusquement par le sorcier et ils planèrent au-dessus de la foule en délire. Nabo poussa un cri de frayeur, en se disant que son noble maître était plus en forme que jamais.

Ils atterrirent bientôt dans la Forêt Oubliée sur une autre plate-forme érigée près d'un large trou plein de vase. Le Trou était rempli de la plus immonde des eaux, des plus vilains crocodiles et des plus vils poulpes de tout Crachoutos. C'était l'endroit idéal pour célébrer un mariage !

Au bout d'un long moment, les mariés apparurent. Ridicula et Rollo portaient des vêtements de soie tissés par les elfes. Pouillane et Bedono étaient vêtus du costume des trolls. Les deux filles pleuraient de joie et saluaient leurs amies de la main en attendant le début de la cérémonie, pendant que les garçons souriaient d'un air stupide.

Styxus Rex avait échangé sa sombre cape contre une tunique neuve en soie bleue, gracieuseté des elfes.

Il est difficile d'imaginer un sorcier plus heureux que lui, se disait Nabo. Un large sourire s'épanouissait sur le visage de l'ancêtre couvert de verrues qui se tenait devant les trolls, invitant la foule au silence.

– Bienvenue à tous dans la Forêt Oubliée ! déclara Styxus Rex. Non seulement nous avons un nouveau roi, mais nous célébrons le mariage de deux couples ! Nous sommes ici pour bénir ces deux couples d'amoureux, mais ils ont déjà goûté au feu du Gouffre. S'il y a des gens qui sont dignes l'un de l'autre, c'est bien Ridicula et Rollo. Et Pouillane et Bedono.

Les yeux remplis d'eau, le mage continua :

– Ils ont été loyaux l'un envers l'autre au cours de ces terribles épreuves. Ils ont prouvé leur amour plus d'une fois, même quand ils ne savaient pas encore s'ils étaient amoureux l'un de l'autre. Nous avons tous eu la chance de voir leur amour s'épanouir en les voyant s'affirmer comme chefs. Je sais qu'ils seront heureux comme ils ont su nous rendre heureux.

Un sourire jusqu'aux oreilles, Styxus Rex leva les mains.

– Je vous invite à vous joindre à moi pour accueillir les nouveaux mariés, Ridicula et Rollo, Pouillane et Bedono. Embrassez-vous !

Les deux couples s'embrassèrent pendant que la foule applaudissait à tout rompre. Après avoir échangé un baiser avec Bedono, Pouillane agrippa une liane et s'élança au-dessus du Trou. Elle se mit à rire en voyant les mâchoires du crocodile se refermer sur le vide tandis que Bedono se rongeait les ongles.

Les musiciens elfes commencèrent à jouer une musique entraînante et toute la noce se mit à danser. Chipie et Verna exécutèrent une gigue. Rollo dansa avec Dellor, et le sergent Skrull fit valser la mère enchanteresse. Au-dessus d'eux, la maman dragon volait en compagnie de sa progéniture et les ailes des petits dragons étaient décorées de serpentins multicolores.

Durant toute la nuit, les elfes et les ogres trinquèrent ensemble en souhaitant au roi troll un long règne paisible.

AGMV Marquis
MEMBRE DE SCABRINI MEDIA
Québec, Canada
2005